성공에 이르는

12

가지 **지혜**

성공에 이르는

12

가지 지혜

이영훈 지음

크리스천의 삶을 성공으로 이끄는
"열두 가지 비결"

교회성장연구소

CONTENTS

프롤로그

성공成功이란 '이루다'라는 말과 '공을 들이다'라는 말이 합쳐진 단어입니다. 그러니까 정성을 다해 원하는 목표를 이루어 낸 것이 바로 성공입니다. 이러한 의미에서 볼 때 '성공'은 이루고자 하는 꿈과 목표를 가진자, 그 꿈과 목표를 향해 올바른 방법을 가지고 성실하게 노력한 자만이얻을 수 있는 인생의 열매입니다.

새해를 맞이하는 사람들은 저마다 이루고자 하는 소원을 마음에 새깁니다. 모든 것이 잘되어 가기를, 그래서 한 해를 마무리할 때쯤 그것이 아름답게 이루어진 모습을 보길 소망합니다. 이처럼 목표한 바를 이루고자 하는 마음, 성공하고자 하는 마음은 누구에게나 있습니다. 그러나 모든 사람이 성공하는 것은 아닙니다. 누구나 꿈과 목표를 가질 수있지만, 그것을 이루기 위해 올바르고 성실하게 온 힘과 정성을 다하는사람은 많지 않기 때문입니다.

그리스도인처럼 삶에서 분명한 꿈과 삶의 목표를 가지고 사는 사람도없을 것입니다. 그것은 예수 그리스도를 닮아가는 삶이며엡 4:13, 하나님을 영화롭게 하는 삶이며고전 10:31, 그 은혜를 베풀고 나누는 삶입니다요일 3:16. 그러나 그리스도인이라 하더라도 이러한 꿈과 목표를 이루기 위해 어떻게 힘과 정성을 기울여야 할지 모른 채 고민하며 살아가는 이가 많습니다.

2023년을 맞이하면서 저는 하나님의 사람들이 주 안에서 품은 꿈과 목표를 이루기 위해 어떠한 노력을 기울여야 하는지 깨달은 바를 나누고 싶은 바람이 생겼습니다. 이를 위해 신년 축복 열두 광주리 특별 새벽기도회를 통해 '성공에 이르는 12가지 지혜'라는 주제로 주님 앞에서 함께 나누었던 내용을 잘 다듬고 정리하여 책으로 펴내게 되었습니다.

이 책을 한 장씩 읽을 때마다 성령님이 주시는 지혜와 통찰력이 임하게 되기를 소원합니다. 그 내용을 묵상하며 적용할 때 여러분의 삶과 공동체에 놀라운 일이 많이 일어나게 되기를 바랍니다. 그래서 여러분 모두가 주님 안에서 품은 꿈과 목표를 이루어 내는 성공자로 살아가길 간절히 소망합니다.

2023년 2월
여의도순복음교회 담임목사 이영훈

믿음은
바라는 것들의 실상이요
보이지 않는 것들의 증거니
선진들이 이로써
증거를 얻었느니라

-히브리서 11장 1-2절

1

꿈꾸는 자가 되라

—

꿈꾸는 자가 되라

가난한 이민자의 아들로 태어나 거리 행상과 호텔 벨보이 등을 전전하며 어려운 삶을 이어가던 한 청년이 있었습니다. 그러나 청년은 훗날 호텔 경영에 재능을 발휘하여 세계적인 호텔의 창립자가 되었습니다. 그가 바로 호텔 왕 콘래드 힐튼Conrad Nicholson Hilton입니다. 성공비결에 관한 질문에 그는 이렇게 대답했습니다.

"사람들은 재능과 끈질긴 노력이 내 성공의 비결이라고 생각할 것이다. 그러나 진짜 비결은 내가 원하는 바를 생생하게 꿈꿀 수 있는 능력이었다."

꿈꾸는 사람이 성공할 수 있습니다. 세계 역사는 이러한 창조적 소수의 꿈꾸는 사람이 이끌어왔습니다.

1.
거룩한 꿈을 소유하라

성공으로 나아가는 첫 번째 비결은 '꿈'입니다. 성경에 나오는 믿음의 사람들은 모두 꿈꾸는 자였습니다. 이들은 믿음으로 하나님의 꿈을 마음에 품고, 마침내 그 꿈을 이루는 성공적인 인생을 살았습니다.

꿈은 반드시 이루어진다

그 대표적인 사람이 바로 요셉입니다. 요셉은 장차 하나님이 자기를 높여 위대하게 사용하시는 꿈을 꾸었습니다. 그런데 요셉이 그 꿈을 형들에게 이야기하자 꿈이 없이 살아가던 요셉의 형들은 그를 미워했습니다. 아버지 야곱이 요셉을 편애했고 또 어머니가 달랐기에 요셉이 싫었을 수 있습니다. 그러나 형들이 요셉을 미워했던 결정적인 이유는 요셉이 꿈꾸는 사람이었기 때문입니다.

"그의 꿈과 그의 말로 말미암아 그를 더욱 미워하더니"_창세기 37:8

꿈이 없는 사람들은 꿈꾸는 사람을 이해하지 못합니다. 오히려 시기하고 질투합니다. 똑같은 상황에서 자신들이 보지 못하는 것을 꿈꾸는 사람은 바라보기 때문입니다.

형들은 요셉을 얼마나 미워했던지 그를 죽이려는 계획까지 세웠습니다.

"요셉이 그들에게 가까이 오기 전에 그들이 요셉을 멀리서 보고 죽이기를 꾀하여 서로 이르되 꿈 꾸는 자가 오는도다 자, 그를 죽여 한 구덩이에 던지고 우리가 말하기를 악한 짐승이 그를 잡아먹었다 하자 그의 꿈이 어떻게 되는지를 우리가 볼 것이니라 하는지라"_창세기 37:18-20

요셉은 자기가 꾼 꿈으로 인해 형들에게 미움을 받으며 말할 수 없는 연단의 과정을 거쳐야 했습니다. 꿈 때문에 노예로 팔려 갔고, 억울하게 누명을 쓰고 감옥에 갇혔으며, 술 맡은 관원장이 자신을 기억하지 못하는 바람에 기약 없는 인내의 시간을 보내야 했습니다. 하지만 때가 이르자 하나님이 요셉을 높여 주셔서 애굽의 총리가 되게 하셨습니다.

요셉은 꿈이 이루어지기까지 무려 13년간 온갖 고난을 겪었습니다. 이처럼 꿈의 결과는 아름답지만, 그 꿈이 이루어지는 과정은 평탄치 않기 마련입니다. 그렇다고 해서 고난을 두려워할 필요는 없습니다. 꿈꾸는 사람에게 고난은 꿈이 이루어지는 통로이기 때문입니다. 때가 되자 요셉은 바로 왕의 꿈을 해몽해 줌으로써 일약 죄수에서 애굽의 총리로 신분이 바뀌게 되었습니다. 가장 낮은 신분에서 가장 높고 귀한 신분으로 바뀌게 된 것입니다.

> "바로가 그의 신하들에게 이르되 이와 같이 하나님의 영에 감동된 사람을 우리가 어찌 찾을 수 있으리요 하고 요셉에게 이르되 하나님이 이 모든 것을 네게 보이셨으니 너와 같이 명철하고 지혜 있는 자가 없도다 너는 내 집을 다스리라 내 백성이 다 네 명령에 복종하리니 내가 너보다 높은 것은 내 왕좌뿐이니라" _창세기 41:38-40

꿈을 이루는 과정에서 요셉처럼 미움을 받는다고 해도, 어떠한 어려움을 겪는다고 해도 두려워하지 마십시오. 그럴수록 더욱 마음을 굳건히 지키고 믿음으로 전진해 나가야 합니다. 절대 꿈을 포기하지 마십시오. 끝까지 꿈을 품으십시오. 하나님이 주신 꿈은 하나님의 때에 반드시 이루어집니다.

하나님이 '나'에게 주시는 꿈을 품어야 한다

하나님은 각 사람에게 다른 꿈을 주십니다. 한 사람 한 사람을 향한 하나님의 계획이 다르기 때문입니다. 그러므로 다른 사람의 꿈을 부러워만 하지 말고 하나님이 '나'에게 주시는 꿈을 품어야 합니다.

저마다 다른 꿈을 갖는다는 것은 꿈을 이루어 가는 과정도 다를 수 있다는 의미입니다. 많은 청년이 꿈을 이루기 위해 대학에 진학하기도 하지만, 오히려 그 꿈을 위해 대학에 가지 않는 청년들도 있습니다.

어떤 청년은 빵을 맛있게 만들어서 사람들에게 즐거움을 주는 꿈을 꿉니다. 그리고 이 꿈을 이루기 위해 대학에 가서 공부하는 대신 빵 만드는 법을 배웁니다. 그렇게 꿈을 향해 열심히 노력하다 보면 어디에서도 맛볼 수 없는 맛있는 빵을 만들어서 제과점을 열게 되고, 소문이 나서 사람들이 가게 앞에 길게 줄을 서는 제빵업 대가의 경지까지 이르게 되는 것입니다.

어떤 청년은 그림을 잘 그리는 꿈을 꾸고, 어떤 청년은 춤을 잘 추는 K팝 스타가 되는 꿈을 꿉니다. 저마다 자신만의 꿈을 꿀 때 그 꿈을 향해 열심히 달려갈 수 있습니다.

그러나 주위를 둘러보면 자신이 무엇을 하고 싶은지, 무엇을 해야 할지 몰라 방황하는 젊은이도 많습니다. 그리하여 귀중한 인생길을 꿈 없이 하루하루 시간을 낭비하며 보내고 있는 것입니다. 꿈이 없으면 미래를 향한 열정도 가질 수 없습니다. 그렇기에 꿈꾸는 사람과 꿈꾸지 않는 사람의 인생은 차이가 날 수밖에 없습니다. 우리는 인생의 주관자이신 하나님을 믿고 하나님이 주시는 꿈을 꾸어야 합니다.

꿈은 나를 성공의 미래로 이끌어 간다

현실을 변화시키는 힘은 꿈에 있습니다. 꿈꾸지 않으면 변화를 기대할 수 없습니다.

거리의 노숙자들은 힘들고 어려운 처지에서 살아갑니다. 그들 가운데 어떤 이는 현실의 어려움에서 벗어나 새롭게 인생을 개척하며 살아갈 의지를 아예 갖고 있지 않습니다. 내일에 대한 어떠한 꿈과 소망도 없이 그저 하루하루를 살아가고 있습니다. 삼시세끼 식사와 잠자리를 해결하는 것 이상 그 무엇도 생각할 엄두를 내지 못하며 살아가고 있는 것입니다.

제가 일본 동경에서 사역할 때의 일입니다. 동경 신주쿠 공원에는 노숙하는 사람이 많이 있었습니다. 하루는 구역장님 한 분이 공원에서 노숙자 한 사람을 전도해서 교회로 데려왔습니다. 그는 본래 전자 관련 사업체를 운영하던 사장이었습니다. 명문 대학 출신에 영어도 잘했습니다. 그런데 회사가 부도나자 가족을 볼 면목이 없다고 집을 나와 노숙 생활을 했습니다. 과거에 한 기업체를 운영하는 사장이었다고 해도 오래 노숙하다 보니 다른 노숙자들과 별반 달라 보이지 않았습니다.

하지만 교회에 나온 후로 그의 모습이 점점 달라졌습니다. 먼저 눈빛이 달라졌습니다. 처음에는 아무런 의욕도 없는 멍한 눈빛이었습니다. 그런데 예배를 드리고 말씀을 들으면서 점점 눈빛이 또렷해졌습니다. 어느 때부터인가는 주일에 넥타이를 매고 단정한 옷을 입고 와서 예배드리기 시작했습니다. 시간이 지날수록 노숙자의 모습은 사라지고 완전히 다른 사람이 되었습니다. 나중에 이야기를 들어보니, 말씀을 통해 '내가 이렇게 아무 목적 없이 살면 안 되겠다'라는 생각이 들었고, 차츰 일상을 회복하고 싶은 꿈을 갖게 되었다는 것입니다. 그를 변화시킨 것은 그가 품었던 꿈이었습니다.

그리스도인은 하나님이 주시는 거룩한 꿈을 품어야 합니다. 거룩한 꿈은 돈, 명예, 인기와 같이 나만을 위한 목표를 말하는 것이 아닙니다. 하나님의 뜻을 이루기 위해, 하나님의 나라를 확장하기 위해, 교회와 이웃을 섬기기 위해 하나님께서 우리에게 주시는 꿈을 말합니다. 이 '거룩한 꿈'은 우리의 인생을 축복의 길, 성공의 길로 이끄는 하나님의 능력이 됩니다.

생각해 보면 우리의 인생은 하나님의 꿈을 이루기 위한 과정이라고 해도 과언이 아닙니다. 만약 꿈이 없다면 지금부터라도 꿈을 갖기 위해 하나님께 기도하십시오. 우리의 간절한 기도에 하나님이 응답하실 것입니다.

당장 내일을 위한 꿈이 아니어도 좋습니다. 5년, 10년, 30년 후의 미래를 꿈꾸길 바랍니다. 꿈을 꾸고 꿈을 향해 나아갈 때 우리의 삶이 변화될 것입니다. 인생의 참된 의미와 가치를 깨닫게 될 것입니다. 꿈이 오늘을 바꾸고 내일을 창조합니다. 그 안에서 우리의 인생이 변화됩니다.

2.
꿈이 이루어진 모습을 바라보라

꿈이 이루어지는 것은 미래입니다. 그러나 꿈꾸는 사람은 바로

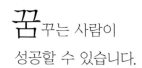

꿈꾸는 사람이
성공할 수 있습니다.

세계 역사는
이러한 창조적 소수의
꿈꾸는 사람이 이끌어갑니다.

지금, 그 꿈이 이루어진 모습을 바라보며 살아가야 합니다.

꿈에 사로잡혀 살라

믿음이란 결국 '꿈꾸는 것'입니다. 즉, 보이지 않는 꿈을 바라보고 붙잡는 것이 믿음입니다.

> "믿음은 바라는 것들의 실상이요 보이지 않는 것들의 증거니 선진들이 이로써 증거를 얻었느니라" _히브리서 11:1-2

여기서 '실상'은 헬라어로 '휘포스타시스υπόστασις'입니다. 이 단어는 '실재'를 의미합니다. 그러므로 "믿음은 바라는 것들의 실상"이라는 말씀은 꿈꾸고 소원한 바를 현실에 '실재'하는 것처럼 믿는다는 의미입니다. 그렇기에 믿음은 "보이지 않는 것들의 증거"가 됩니다. 보이지 않는 꿈의 실재를 믿음이 보증하기 때문입니다.

눈에 보이는 것 없고 귀에 들리는 것 없고 손에 잡히는 것 없어도 믿음으로 꿈을 품고 나아가면 반드시 그 꿈이 현실로 나타납니다. 이처럼 꿈과 믿음은 항상 함께합니다. 믿음이 꿈을 품게 하고 꿈은 믿음이 현실로 나타나도록 이끌어갑니다.

특히 하나님이 우리에게 주시는 꿈은 우리를 미래로 나아가게 합니다. 따라서 하나님이 주시는 거룩한 꿈을 품고 살아가면 어제보다 나은 오늘, 오늘보다 나은 내일을 이루어 가게 됩니다. 어떤 환경 가운데 있더라도 결국 하나님의 꿈이 이루어질 것을 믿기에 현재의 고난도 문제가 되지는 않습니다. 이러한 태도는 우리로 하여금 절대 긍정의 믿음을 갖게 합니다.

저는 교회가 날마다 부흥하는 꿈을 꿉니다. 수많은 젊은이가 교회로 몰려오는 꿈을 꿉니다. 성도들이 잘되는 꿈을 꿉니다. 사람들이 경제가 어렵다고 말해도 저는 성도들의 기업이 몇 배로 성장하는 꿈을 꿉니다. 우리 모두 잘되는 꿈을 꿉니다. 우리가 잘되는 꿈을 꾸고 그 꿈이 이루어진 모습을 바라보고 믿음으로 전진해 나아갈 때 하나님께서 역사하실 줄 믿습니다. 꿈을 이루어 주시는 하나님으로 인해 형통한 삶을 살게 될 줄 믿습니다. 그러므로 늘 꿈을 붙드십시오. 매일매일 꿈에 이끌려 살아가길 바랍니다.

꿈꾸는 사람은 다르게 산다

주님 안에서 거룩한 꿈을 꾸는 사람은 세상 사람들과 다르게 살아야 합니다. 큰 사업체를 운영하는 사장이나 회사에 다니는 직장인이나 구멍가게를 경영하는 주인이라도 그리스도인이라면 꿈을 품고 남들과 다른 삶을 살아가야 합니다.

거리에 음식점이 즐비해도 모든 음식점이 장사가 잘되는 것은 아닙니다. 손님으로 넘쳐나는 음식점은 따로 있습니다. 같은 종류의 음식을 팔더라도 바로 옆에 있는 음식점은 텅 비어 있는데 다른 한 곳은 사람들이 줄을 서서 먹는 음식점이 있습니다. 왜일까요? 그곳 음식에는 다른 음식점에서 맛볼 수 없는 특별한 맛이 있기 때문입니다. 그리고 그 특별한 맛은 음식을 만드는 사람이 바라보는 꿈에서 비롯됩니다. 즉, 제일 맛있는 음식을 만들겠다는 꿈을 갖고 있으면 그에 걸맞은 노력을 기울이게 되고, 그러다 보면 가장 맛있는 음식을 만들게 되기에 수많은 사람이 찾는 맛집이 되는 것입니다.

저는 어느 성도로부터 그의 조카에 관한 이야기를 들은 적이 있습니다. 그 조카는 한동안 필리핀에서 지내다가 한국에 귀국하여 대학 입학을 준비하는 청년이었습니다. 그는 대학교 등록금을 마련하기 위해 강남에 있는 어느 신발 가게에서 일하게 되었습니다. 그러던 어느 날 그는 아르바이트생이었음에도 720만 원에 달하는 하루 매상을 기록했습니다. 다른 정직원들이 온종일 신발 한두 켤레밖에 팔지 못할 때 그는 70켤레 가까이 판매했던 것입니다. 당시 그의 판매실적이 전국 1위였다고 합니다. 본사에서 이 사실을 알고 깜짝 놀랐습니다. 한 아르바이트생의 판매실적이 매장 전체 직원의 판매실적보다 높으니 당연한 일이었습니다. 신발 회사 사장은 그를 정직원으로 채용하려고 했습니다. 그가 대학 진학을 위해 제안을 거절하자 이번에는 그가 원하는 대학에 갈 수 있도록 추천서를 써주겠다고 했습니다.

이 청년의 이야기를 들으면서 열여덟 살의 어린 나이일지라도 '꿈을 꾸는 사람은 역시 다르구나!'라고 생각했습니다. 꿈꾸는 사람은 현실에 안주하지 않고 미래를 성공적으로 이끌어갑니다. 아르바이트생이라는 현실을 넘어 누구보다도 신발을 많이 팔 수 있다는 꿈을 가졌기에 아르바이트생의 자리에서 할 수 없는 일, 아니 전국의 정직원들조차 할 수 없는 일을 이뤄냈던 것입니다. 이 청년과 같은 사람을 향해 성공의 길이 열리는 것입니다.

3.
꿈을 구체화하라

막연한 상상과 꿈은 다릅니다. 꿈은 구체적이어야 합니다. '잘됐으면 좋겠다' 혹은 '복을 주옵소서'라는 식으로 이루고 싶은 것을 막연하게 상상하는 것으로는 부족합니다. 꿈은 구체적인 목표가 있어야 합니다.

꿈은 분명한 목표다

부모는 자녀가 잘되는 꿈을 꿉니다. 그러나 중요한 것은 꿈을 구체적으로 꾸어야 한다는 것입니다. 단순히 '내 자녀가 성공하게 해주시옵소서'라고 기도하지 말고 '내 자녀에게 하나님의 거룩한 꿈을 주시옵소서. 그 꿈을 이루기 위해 분명한 목표와 계획을 갖고 노력하게 하옵소서'라고 기도해야 합니다. 또한 자녀도 부모와 똑같이 구체적인 꿈을 꾸며 기도해야 합니다.

사업도 마찬가지입니다. 사업이 막연하게 잘될 거라고 생각만 하지 말고 구체적인 목표를 세우고 그 목표를 하나씩 이루기 위해 노력해야 합니다. 특히 사업은 혼자 힘으로 할 수 없습니다. 직원들이 함께하지 않으면 사업이 잘될 수 없습니다. 사장은 직원들과 함께 꿈을 나누고 함께 목표를 세우고 그 목표를 향해 한마음으로 힘써 노력해야 합니다. 그러할 때 그 꿈이 이루어지고 모두가 잘되는 결과를 맺을 수 있습니다.

꿈을 위해 구체적으로 기도하라

우리가 기도할 때도 막연하게 기도하면 안 됩니다. 구체적으로 기도해야 합니다. 하나님은 우리가 믿고 기도하는 대로 응답해 주시겠다고 약속하셨습니다.

> "너희가 기도할 때에 무엇이든지 믿고 구하는 것은 다 받으리라 하시니라"
> _마태복음 21:22

꿈을 구체화하는 좋은 방법 가운데 하나는 그 꿈을 노트에 적는 것입니다. 개인적인 꿈, 가족들에 대한 꿈, 직장과 관련된 꿈 등을 조목조목 적어 놓고 그것을 매일 바라보며 기도하기를 바랍니다.

제가 미국에서 교회를 건축할 때 집을 세 채나 기증한 미국인 성도가 있었습니다. 그는 매일같이 새벽 기도회에 나와 기도로 하루를 시작했습니다. 그가 하루는 저와 만나 식사하는 자리에서 자신의 수첩을 보여 주었습니다. 그 수첩에는 84가지의 기도 제목이 빼곡히 적혀 있었습니다. 그는 매일 아침에 수첩을 펴놓고 1번부터 84번까지의 기도 제목을 하나씩 짚어가며 "1번, 성령충만 주옵소서! 2번, 건강 주옵소서! 3번, 회사에 복을 주시옵소서!"라고 기도했다고 합니다. 1년이 지난 후에 돌아보면 그 기도 제목 가운데 60개 이상이 이루어졌다고 간증했습니다. 그러면 다시 새로운 기도 제목 80개 이상을 수첩에 적고 매일 기도한다고 했습니다.

하나님은 우리를 통해 이루고자 하시는 분명한 꿈을 갖고 계십니다. 그 꿈을 품고 그 꿈을 향해 달려갑시다. 그 꿈을 위한 분명한 계획을 세우고 구체적으로 기도합시다. 하나님이 주시는 거룩한 꿈을 품고 온 힘을 다해 노력하는 삶이야말로 가치 있고 보람된 삶입니다.

꿈꾸는 자의 삶이 무조건 순탄하다고 말할 수는 없습니다. 다른 사람으로부터 미움을 받기도 합니다. 때로는 고난의 길을 통과해야 합니다. 하지만 꿈을 이루기 위해 받는 고난은 가치 있는 고난입니다. 꿈꾸는 사람에게 실패는 없습니다. 하나님이 결국 꿈을 이루시기 때문입니다.

성공에 이르는 12가지 지혜

꿈꾸는 자가 되라

1. 거룩한 꿈을 소유하라

/ 꿈은 반드시 이루어진다

/ 하나님이 '나'에게 주시는 꿈을 품어야 한다

/ 꿈은 나를 성공의 미래로 이끌어 간다

2. 꿈이 이루어진 모습을 바라보라

/ 꿈에 사로잡혀 살라

/ 꿈꾸는 사람은 다르게 산다

3. 꿈을 구체화하라

/ 꿈은 분명한 목표다

/ 꿈을 위해 구체적으로 기도하라

CHECK LIST 체크 리스트

나는 꿈꾸는 사람인가요?
아래의 문항을 읽고 나에게 해당하는 것을 체크해 보세요. ☑

① 나는 하나님이 주신 꿈을 꾸고 있는가?

② 나는 꿈이 이루어질 것을 믿고 있는가?

③ 나는 꿈을 위해 기도하고 있는가?

④ 나는 꿈을 이루기 위한 구체적인 목표를 세웠는가?

⑤ 나는 꿈을 이루기 위해 노력하고 있는가?

나에게 해당하는 문항은 몇 개인가요? ____ 개

체크하지 못한 문항의 내용을 다시 살펴보고
지금부터라도 실천해 봅시다.

나의 성공 다이어리

올해 내가 품은
꿈을 적어 봅시다.

이 꿈을 이루기 위한
구체적인 목표를
적어 봅시다.

볼지어다 내가 내 아버지께서
약속하신 것을 너희에게 보내리니
너희는 위로부터 능력으로
입혀질 때까지 이 성에 머물라 하시니라
-누가복음 24장 49절

오직 성령이 너희에게 임하시면
너희가 권능을 받고
예루살렘과 온 유대와
사마리아와 땅 끝까지 이르러
내 증인이 되리라 하시니라
-사도행전 1장 8절

위로부터 임하는
능력을 소유하라

—

2

위로부터 임하는
능력을 소유하라

　　우리는 인생을 사는 동안 우리의 힘과 능력으로는 감당할 수 없는 한계에 부딪히는 경우가 종종 있습니다. 한계에 부딪히면 사람마다 다른 반응을 보입니다. 어떤 사람은 자기의 무능을 탓하며 좌절하기도 하고, 어떤 사람은 한두 번 시도하다가 포기하고 다른 길을 찾기도 합니다. 그리고 자기가 이루지 못한 것을 변명하고 합리화하기도 합니다.

　　자신의 한계를 뛰어넘는 일은 결코 쉬운 일이 아닙니다. 그러나 그 한계를 뛰어넘지 못하면 성공한 인생을 살 수 없다는 것이 우리가 가진 딜레마입니다. 이 딜레마를 해결할 방법은 무엇일까요? 그것은 위로부터 임하는 능력을 소유하는 것입니다. 내 능력이 아니라 위로부터 임하는 능력으로 우리가 처한 한계의 울타리를 뛰어넘어야 합니다.

1.
모든 권세를 가지신 예수님을 의지하라

인간은 혼자 살 수 없는 존재입니다. 갓난아기 때부터 일평생 수많은 사람의 도움을 받으며 살아갑니다. 그렇기에 다른 사람을 의지하는 것은 인간 본연의 욕구이자 삶의 방식입니다.

하지만 사람들에게 받는 도움은 한계가 있습니다. 사람이 불완전한 존재이기 때문입니다. 사람들의 도움에 실망할 때도 있고, 심지어 믿었던 사람에게 배신당할 때도 있습니다. 그렇다면 우리는 누구의 도움을 의지해야 할까요?

예수님을 전적으로 의지하라

우리가 온전히 신뢰할 수 있는 분은 오직 예수님뿐입니다. 그러므로 우리는 사람이나 환경을 의지하지 말고 하늘과 땅의 모든 권세를 가지신 예수님을 전적으로 의지해야 합니다.

"예수께서 나아와 말씀하여 이르시되 하늘과 땅의 모든 권세를 내게 주셨으니"_마태복음 28:18

권세權勢는 권력과 세력을 아우르는 말입니다. 권력은 다른 사람을 복종시키거나 지배할 수 있는 권리로서 강제력을 갖습니다. 또한 세력이란 권력을 실질적으로 행사하는 힘을 의미합니다. 예를 들어 정부는 국민에게 세금을 내게 하는 일, 범법자를 체포하고 감옥에 가두는 일 등을 할 수 있는 권리가 있습니다. 그러나 권리만 있고 세력, 즉 힘이 없으면 안 됩니다. 세력이 있어야 권리를 제대로 행사할 수 있습니다.

그런데 성경은 하늘과 땅의 모든 권세가 예수님께 있다고 말씀합니다. 예수님께 권리와 힘과 능력이 모두 있다는 것입니다. 예수님은 절대 권세를 가지신 분이십니다.

예수님은 하늘 보좌를 버리시고 이 땅에 오셔서 섬김과 희생의 삶을 살고 십자가에서 구원을 이루신 분이십니다. 하나님은 그런 예수님을 지극히 높여 주셨습니다. 예수님 앞에 하늘과 땅과 땅 아래

있는 모든 것이 무릎을 꿇게 하셨습니다.

> "이러므로 하나님이 그를 지극히 높여 모든 이름 위에 뛰어난 이름을 주사
> 하늘에 있는 자들과 땅에 있는 자들과 땅 아래에 있는 자들로 모든 무릎을
> 예수의 이름에 꿇게 하시고 모든 입으로 예수 그리스도를 주라 시인하여
> 하나님 아버지께 영광을 돌리게 하셨느니라" _빌립보서 2:9-11

우리의 삶을 다스리시는 권세도 예수님께 있습니다. 우리 믿음의 근원이 되시고, 우리의 믿음을 완성해 주시는 분도 예수님이십니다. 우리가 전적으로 예수님을 의지해야 하고, 또 의지할 수 있는 이유가 바로 여기에 있습니다. 우리는 모든 권세의 근원이 되시는 예수님을 의지해야 합니다. 절대 권세자이신 예수님을 꼭 붙들어야 합니다. 그래야 예수님의 권세를 힘입을 수 있고, 성공적인 삶을 살 수 있습니다.

나의 눈을 예수님께 고정시켜라

돈을 목적으로 사는 사람은 돈만 바라보며 삽니다. 권력을 추구하는 사람은 권력만 바라봅니다. 마찬가지로 예수님의 권세와 능력

을 힘입기 위해서는 예수님께 시선을 고정해야 합니다.

"믿음의 주요 또 온전하게 하시는 이인 예수를 바라보자 그는 그 앞에 있는
기쁨을 위하여 십자가를 참으사 부끄러움을 개의치 아니하시더니 하나님
보좌 우편에 앉으셨느니라"_히브리서 12:2

지금 무엇을 바라보고 있습니까? 사람을 바라보고 있습니까? 환
경을 바라보고 있습니까? 문제를 바라보고 있습니까? 무엇을 바라보
느냐에 따라 마음이 달라지고 더 나아가 인생이 달라집니다.

이스라엘 백성이 블레셋 군대를 두려워했던 이유는 골리앗을 바
라보았기 때문입니다. 하지만 다윗은 달랐습니다. 이스라엘 군인들이
골리앗에 대해 이야기할 때도 다윗은 하나님을 바라보았습니다. 사
울 왕 앞에 섰을 때도 하나님을 바라보았습니다. 자신을 얕잡아 보
던 거인 장수 골리앗 앞에서도 하나님을 바라보았습니다. 다윗은 어
떤 상황에서도 하나님을 바라보았습니다. 그렇기에 골리앗을 무너뜨
린 용사로, 훗날에는 이스라엘의 위대한 왕으로 기억될 수 있었던 것
입니다.

우리도 다윗처럼 주님만 바라보아야 합니다. 우리의 진정한 도움

이 되시는 예수님만 바라보아야 합니다.

> "내가 산을 향하여 눈을 들리라 나의 도움이 어디서 올까 나의 도움은 천지
> 를 지으신 여호와야훼에게서로다"_시편 121:1-2

어떤 상황에서도 오직 예수님만 바라보아야 문제를 극복할 힘과 능력을 얻게 됩니다. 갈릴리 바다에 풍랑이 몰아쳤을 때 베드로는 바다 위를 걸어오시는 예수님만 바라보고 파도 위를 걸었습니다. 그런데 거센 바람이 불어오자 순간 예수님께 고정되었던 시선이 자신의 발밑에서 넘실거리는 바다로 옮겨가게 되었습니다. 바로 그때 베드로에게 무섭고 두려운 마음이 생겼고, 그 두려움으로 인해 바다에 빠지게 된 것입니다.

> "오라 하시니 베드로가 배에서 내려 물 위로 걸어서 예수께로 가되 바람을
> 보고 무서워 빠져 가는지라 소리 질러 이르되 주여 나를 구원하소서 하니"
> _마태복음 14:29-30

우리가 문제의 해결자 되시는 예수님을 바라보지 않고 문제의 세상을 바라볼 때 베드로처럼 문제의 바다에 빠지게 되는 것입니다. 우리의 시선을 예수님께 고정하고 믿음으로 나아가야 합니다. 어

내 능력이 아니라
위로부터 임하는 능력으로

우리가 처한
한계의 울타리를
뛰어넘어야 합니다.

떠한 것도 예수님보다 먼저가 되어서는 안 됩니다. 예수님 제일주의의 삶을 살아야 합니다.

2.
성령충만을 받으라

위로부터 오는 능력을 소유한다는 것은 곧 성령충만함을 받는 것을 의미합니다. 이를 위해 우리는 먼저 성령충만이란 무엇인지 알아야 합니다.

많은 그리스도인이 성령충만을 은사나 기적과 같은 현상으로만 생각합니다. 그러나 이는 성령충만의 단면일 뿐입니다. 성령님은 예수님의 영입니다행 16:7. 성령님은 예수님의 말씀을 생각나게 하는 분입니다요 14:26. 성령님이 아니고서는 누구도 예수님을 알 수 없으며 주님으로 고백할 수 없습니다고전 12:3. 그렇기에 성령충만은 곧 예수충만입니다. 예수님의 영으로 충만한 것이 바로 성령으로 충만한 것입니다.

성령충만은 예수님의 명령이다

　　예수님의 열두 제자는 3년 반 동안 예수님과 함께하며 말씀을 듣고 기적을 직접 목격하기도 하고 기적을 행하기도 했습니다. 그러나 아직 성령충만의 경험은 없었습니다. 성령충만을 받지 못한 제자들은 나약했습니다. 예수님이 로마 군인들에게 붙잡히셨을 때 그들은 두려워서 도망쳤습니다. 예수님의 수제자 베드로는 죽음도 두려워하지 않고 예수님을 따르겠다고 장담했지만, 결국 가야바의 뜰에서 예수님을 모른다고 세 번이나 부인했습니다.

　　제자들이 도망간 이유는 단 하나, 위로부터 임하는 능력을 받지 못했기 때문입니다. 그래서 부활하신 예수님은 제자들에게 위로부터 오는 능력을 힘입을 때까지 예루살렘을 떠나지 말고 기다리라고 명하셨습니다. 문제를 회피하지 말고 하나님이 약속하신 성령충만을 받을 때까지 기도하라는 것입니다.

"볼지어다 내가 내 아버지께서 약속하신 것을 너희에게 보내리니 너희는 위로부터 능력으로 입혀질 때까지 이 성에 머물라 하시니라" _누가복음 24:49

"사도와 함께 모이사 그들에게 분부하여 이르시되 예루살렘을 떠나지 말고

내게서 들은 바 아버지께서 약속하신 것을 기다리라"_사도행전 1:4

예수님의 이 말씀은 제자들이 순종하기 어려운 명령이었습니다. 예루살렘은 예수님이 붙잡혀 십자가형을 당한 곳이었습니다. 예수님을 십자가에 못 박은 종교 지도자들은 여전히 예루살렘의 권력자들이었습니다. 그렇기에 예루살렘은 제자들에게 매우 위험한 곳이었습니다. 자신들도 붙잡히면 예수님처럼 죽게 될 것이 자명하기에 빨리 그곳을 떠나고 싶었을 것입니다. 그런데 예수님은 예루살렘을 떠나지 말라고 명령하셨습니다.

제자들은 두려웠지만, 예수님 말씀에 순종했습니다. 그들은 예루살렘에 있는 마가 다락방에 모여 함께 기도했습니다. 그리고 마침내 오순절 날, 모두가 성령의 충만함을 받았습니다. 위로부터 임하는 능력을 받고 모두 방언으로 기도했습니다.

"그들이 다 성령의 충만함을 받고 성령이 말하게 하심을 따라 다른 언어들로 말하기를 시작하니라"_사도행전 2:4

성령충만을 받았을 때 나타나는 여러 현상 가운데 가장 대표적인 특징이 방언입니다행 2:1-4, 10:44-48, 19:1-7. 방언은 성령님이 말씀하시도록 자신을 내어드리는 기도입니다. 따라서 방언 기도는 성령의 역사에 대한 전적인 순종이라고 볼 수 있습니다. 또한 방언은 하나님과 비밀스럽게 소통하는 수단입니다. 우리는 방언을 통해 영으로 하나님께 기도할 수 있습니다. 그래서 사도 바울은 누구보다 방언 기도를 많이 했고 이로 인해 하나님께 감사한다고 말했습니다고전 14:18.

성령충만은 반드시 받아야 한다

성령충만을 받으면 우리가 변화되고 환경이 변화됩니다. 겁쟁이였던 베드로는 성령의 능력으로 담대해졌습니다. 그의 설교로 삼천 명이 회개하고 주님께 돌아왔고, 그들을 중심으로 예루살렘에 교회가 세워졌습니다. 태어날 때부터 걷지 못하고 구걸하며 살던 사람이 "나사렛 예수 그리스도의 이름으로 일어나 걸으라"행 3:6고 하는 베드로의 선포를 듣고 그의 손을 붙잡고 일어나 걷게 되었습니다. 성령충만이 임하자 두려움의 장소였던 예루살렘이 복음 전파의 현장, 부흥과 기적의 현장으로 변화된 것입니다.

우리도 우리 앞에 놓인 문제를 회피하면 안 됩니다. 문제의 장소를 떠나서도 안 됩니다. 대신 주님의 십자가 앞에 문제를 내려놓고 간절히 기도해야 합니다. 그러면 위로부터 오는 능력이 우리에게 임하고 문제가 해결되는 역사가 나타날 것입니다.

저는 1966년 2월 첫째 주 목요일에 성령의 불을 받았습니다. 그 날 이후 제 인생에 큰 변화가 일어났습니다. 머리로만 알고 있던 예수님이 제 삶으로 걸어들어오신 것입니다. 기도할 때도 5분을 넘기기 어려웠는데, 성령충만을 받은 후에는 기도하는 시간이 한 시간을 훌쩍 넘기게 되었습니다. 그리고 기도만 하면 예수님의 은혜에 감격하여 눈물이 쏟아졌습니다. 예수님을 더 사랑하게 되고 예수님을 예배하는 것이 무척 좋았습니다. 성령충만의 체험 이후 저는 완전히 다른 삶을 살게 되었습니다.

성령충만의 경험이 있습니까? 오순절에 임한 성령의 불이 임하여 가슴이 뜨거워지고 방언을 말하게 된 경험이 있습니까? 이 질문에 모두가 "네!"라고 대답해야 합니다. 그리스도인이라면 누구도 예외 없이 성령충만을 경험해야 합니다.

날마다 성령의 재충만을 받으라

성령충만은 한 번 받는 것이 아닙니다. 우리는 계속해서 성령충만을 받아야 합니다.

"술 취하지 말라 이는 방탕한 것이니 오직 성령으로 충만함을 받으라" _에
베소서 5:18

여기서 "성령으로 충만함을 받으라"는 표현은 현재 진행형입니다.
현재 진행형은 과거에 일어난 일이나 사건 등이 현재까지 계속되는
것을 의미합니다. 그렇기에 성령으로 충만한 첫 번째 경험을 '성령세
례침례', 이후 성령으로 충만한 상태를 '성령충만'이라고 구분 지어 부
르기도 합니다. 다시 말해, 성령세례침례와 성령충만은 모두 성령님에
게 완전히 사로잡힌다는 점에서 같지만, 성령세례침례는 일회적인 사
건이라면 성령충만은 지속적인 상태를 의미합니다.

따라서 성령세례침례의 경험을 했다고 해서 만족해서는 안 됩
니다. 자동차가 한 번 넣은 연료로 평생 달릴 수 없고 계속 연료를
공급받아야 하듯이 우리도 성령충만을 계속해서 받고 또 받아야
합니다.

날마다 성령의 재충만을 받읍시다. 성령의 재충만을 위해 간절
히 기도합시다. 성령세례침례의 경험을 한 이후에도 우리가 죄를 짓고
사탄의 유혹에 넘어지는 이유는 성령충만을 지속하지 못했기 때문입

니다. 아침마다 우리 안에 성령님을 모셔 들입시다. 집을 나설 때마다 성령님과 동행합시다. 우리 안에 계신 성령님이 우리의 발걸음을 인도하셔서 성공의 길로 이끌어 주실 것입니다.

또한 성령충만한 사람의 삶 속에는 성령의 열매가 맺어집니다. 성령의 아홉 가지 열매인 사랑, 희락, 화평, 오래 참음, 자비, 양선, 충성, 온유, 절제갈 5:22-23는 다름 아닌 예수님의 성품을 의미합니다. 그래서 성령충만한 삶은 예수님의 성품을 닮아가는 삶입니다.

예수님을 믿는다고 하면서 다른 사람을 미워하고 거짓말하며 죄 짓고 산다면 성령충만과는 거리가 먼 삶을 살고 있는 것입니다. 교회에서는 성경 말씀을 즐겨 말하고 암송하면서 직장에서는 화내고 막말을 쏟아낸다면 이 또한 성령충만한 삶의 모습이 아닙니다. 교회 안에서만 성령충만하고 교회 밖에서는 성령충만한 모습이 보이지 않는다면 이는 참된 성령충만이 아닙니다.

우리는 언제 어디서나 성령충만해야 합니다. 위로부터 임하는 성령의 능력으로 하루하루를 살아갑시다. 그 하루하루가 쌓여 성공하는 인생을 살아가게 되는 것입니다.

3.
증인 된 삶을 살아가라

성경은 성령충만하면 성령의 권능을 얻게 된다고 말씀합니다.

"오직 성령이 너희에게 임하시면 너희가 권능을 받고 예루살렘과 온 유대와
사마리아와 땅 끝까지 이르러 내 증인이 되리라 하시니라" _사도행전 1:8

권능은 헬라어로 '두나미스δύναμις'입니다. 이 단어에서 영어 '다
이너마이트'가 나왔습니다. 즉, 권능은 단순히 큰 힘이 아니라 산을
무너뜨리고 바위도 깨버릴 정도의 강력한 힘을 의미합니다. 문제의
산이 우리의 앞길을 가로막고 있어도, 절망의 바위가 우리의 마음
을 짓눌러도, 성령의 권능으로 모든 것을 부숴버리고 이겨낼 수 있
습니다.

사도행전 1장 8절의 말씀에서 우리가 주목할 점은 '권능'과 '증인'
이 연결되어 있다는 것입니다. 성령이 임하면 권능을 받게 되고, 권
능을 받으면 그리스도의 증인으로 변화됩니다.

권능을 받아 복음을 전하라

　예수님이 우리에게 남기신 지상명령은 복음 전파의 사명입니다막 16:15. 그러나 복음을 전하는 일은 인간의 능력으로만 할 수 있는 일이 아닙니다. 인간의 힘과 지혜로 사람들을 가르치고 계몽할 수는 있지만, 영혼에 생명을 불어넣는 일은 오직 성령님만이 하실 수 있기 때문입니다. 그렇기에 복음의 증인이 되기 위해서는 반드시 성령의 권능이 필요합니다.

　예수님의 제자들은 극심한 박해 속에서도 예루살렘을 넘어 소아시아와 유럽에까지 복음을 전했습니다. 성령의 권능을 받아 증인 된 삶을 살았습니다.

> "그들이 날마다 성전에 있든지 집에 있든지 예수는 그리스도라고 가르치기
> 와 전도하기를 그치지 아니하니라"_사도행전 5:42

　그 결과 세계 곳곳에 교회가 세워지고 많은 영혼이 하나님께 돌아왔습니다. 영혼 구원만큼 하나님을 기쁘시게 하는 일은 없습니다. 그러므로 그리스도인으로서 가장 성공한 삶은 성령의 권능을 받아 복음의 증인으로 살아가는 삶입니다.

나아가 증인은 헬라어로 '마르투스μάρτυς'라고 하는데, '순교자'라는 뜻이 담겨 있습니다. 증인은 목숨을 걸고 복음을 전해야 한다는 의미입니다. 실제로 교회 역사를 돌아보면 증인의 삶을 살았던 수많은 그리스도인이 순교를 각오하고 복음을 전했습니다. 그들은 죽어가면서도 오히려 주님을 찬양하고 하나님께 영광을 돌렸습니다.

그렇게 할 수 있는 힘이 어디에서 왔을까요? 성령이 주신 권능입니다. 성령의 권능에 사로잡힌 수많은 증인이 순교를 각오하고 복음을 전한 것입니다. 그들이 흘린 순교의 피 위에 오늘날의 교회가 서 있는 것입니다. 이제는 우리가 증인이 되어야 합니다.

삶으로 그리스도를 증거하라

증인은 말로만 복음을 전하지 않습니다. 증인은 삶으로도 예수 그리스도를 증거해야 합니다.

요즘 사회 분위기를 보면 기독교가 존중받지 못하는 느낌을 받을 때가 있습니다. 교회에 대한 사회적 평가에 부당한 점이 없는 것은 아닙니다. 그러나 그동안 교회가 본연의 사명을 잘 감당하지 못했던 것도 부인할 수 없는 사실입니다. 이에 한국 교회는 지나온 길을 돌아보고 자성하는 계기로 삼아야 합니다.

　예수님이 전하신 복음은 우리 삶과 동떨어진 추상적인 개념이 아닙니다. 예수님은 이 땅에 오셔서 배고픈 사람에게 먹을 것을 주시고, 병든 자를 치료하셨으며, 소외되고 억눌린 사람들의 친구가 되어 주셨습니다.

　우리도 예수님을 본받아 도움의 손길이 필요한 사람들을 보살펴야 합니다. 그들의 눈물과 고통을 외면하는 것은 예수님을 외면하는 것과 같습니다.

　"이 지극히 작은 자 하나에게 하지 아니한 것이 곧 내게 하지 아니한 것이니라" _마태복음 25:45

　힘없고 약한 자들에게서 예수님을 보아야 합니다. 그들을 향한 예수님의 마음을 품어야 합니다. 그렇기에 사랑 실천은 '보여 주는 전도'입니다. 사랑으로 섬기는 손에는 그리스도의 복음이 담겨 있습니다. 사랑은 사람들의 마음을 열고 그들로 하여금 복음을 받아들이게 하는 힘이 있습니다.

　우리 모두 성령의 권능을 받아 복음을 전하고 그리스도의 사랑을 실천하는 삶을 살아야 합니다.

성공에 이르는 12가지 지혜

위로부터 임하는 능력을 소유하라

1. 모든 권세를 가지신 예수님을 의지하라

   / 예수님을 전적으로 의지하라

   / 나의 눈을 예수님께 고정시켜라

2. 성령충만을 받으라

   / 성령충만은 예수님의 명령이다

   / 성령충만은 반드시 받아야 한다

   / 날마다 성령의 재충만을 받으라

3. 증인 된 삶을 살아가라

   / 권능을 받아 복음을 전하라

   / 삶으로 그리스도를 증거하라

CHECK LIST 체크 리스트

나는 위로부터 임하는 능력을 소유했나요?
아래의 문항을 읽고 나에게 해당하는 것을 체크해 보세요. ☑

① 나는 사람보다 예수님을 더 의지하고 있는가?

② 나는 문제가 생겼을 때 가장 먼저 예수님을 찾는가?

③ 나는 성령충만의 체험이 있는가?

④ 나는 지속적인 성령충만을 위해 기도하고 있는가?

⑤ 나는 복음을 전하고 있는가?

나에게 해당하는 문항은 몇 개인가요? ＿＿ 개

체크하지 못한 문항의 내용을 다시 살펴보고
지금부터라도 실천해 봅시다.

나의 성공 다이어리

나의 성령 체험을
적어 봅시다.

지속적인 성령충만을
위해 해야 할 일을
적어 봅시다.

예수께서 이르시되
할 수 있거든이 무슨 말이냐
믿는 자에게는
능히 하지 못할 일이 없느니라 하시니

-마가복음 9장 23절

내게 능력 주시는 자 안에서
내가 모든 것을 할 수 있느니라

-빌립보서 4장 13절

성 공 의 지 혜

절대 긍정의
믿음을 소유하라

—

3

절대 긍정의
믿음을 소유하라

인류 사상 최고의 발명가를 꼽으라고 하면 많은 사람이 토머스 에디슨Thomas Alva Edison을 떠올립니다. 토머스 에디슨은 여든네 살에 세상을 떠나기 전까지 2천 3백 개가 넘는 발명품을 선보였습니다. 특히 그가 가정용으로 실용화시킨 전구는 캄캄한 밤을 낮으로 만듦으로써 인류의 삶을 바꾼 위대한 발명품으로 이야기되고 있습니다.

그런데 가정용 전구를 발명할 때까지 그는 수많은 실패를 거듭했습니다. 이를 지켜보던 친구가 "자네는 실패를 1만 번이나 되풀이할 작정인가?"라고 물었습니다. 이때 에디슨은 다음과 같이 대답했습니다. "실패한 게 아니야. 실패할 때마다 나는 전구를 만들지 못하는 방법을 발견하는 데 성공한 것이지."

사람들이 '실패'라고 부르는 것을 에디슨은 '성공'이라고 생각했습니다. 이러한 그의 생각이 마침내 그를 성공으로 이끈 것이 아닐까요. 성공하는 자는 성공을 생각하는 사람이고, 실패하는 자는 실패를 생각하는 사람입니다. 지금 어떤 생각을 하고 있습니까?

1.
부정적 생각을 절대 허용하지 말라

성공하는 삶을 살기 위한 중요한 원리 중 하나는 부정적인 생각으로부터 자신을 지키는 것입니다. '해도 안 될 거야', '나는 무엇을 해도 잘되는 것이 없어', '나는 쓸모없는 사람이야'와 같은 부정적인 생각은 심리적, 정신적으로 큰 고통만 줄 뿐입니다. 부정적인 생각을 내버려 두면 우리 마음에 불안과 염려가 가득하게 됩니다. 이는 곧 마귀에게 틈을 내어 주는 일입니다벧전 5:7-9. 마귀는 우리에게 부정적인 생각을 심어 주어서 우리를 파멸의 길로 이끌어갑니다.

인류 최초의 범죄를 만든 부정적인 생각

엄밀히 말하면 '부정적'이라는 것은 어떤 객관적인 사실을 인정하지 않고 부정적 시각에서 보고 생각하는 태도를 말하는 것입니다. 사실 모든 부정적인 태도는 주어진 현실에서 어떤 좋은 것도 인정하지 않으려는 마음에서 비롯됩니다. 에덴동산에서 뱀으로 현현한 마귀가 하와에게 하는 말을 자세히 보면 참으로 교묘하게 하나님의 말씀을 부정하도록 유혹하고 있음을 알 수 있습니다.

"뱀이 여자에게 물어 이르되 하나님이 참으로 너희에게 동산 모든 나무의 열매를 먹지 말라 하시더냐"_창세기 3:1

이 말을 들으면 하나님이 처음부터 동산에 있는 모든 나무의 열매를 먹지 못하도록 금하신 듯한 착각이 듭니다. 이는 하나님이 하신 말씀을 부정하도록 유도하는 질문이었습니다. 사실 창세기 2장을 보면 하나님은 에덴동산에 있는 각종 나무의 열매를 먹을 수 있게 해주셨습니다. 하나님이 금하신 것은 오직 선악을 알게 하는 나무의 열매뿐이었습니다.

"여호와아훼 하나님이 그 사람에게 명하여 이르시되 동산 각종 나무의 열매

는 네가 임의로 먹되 선악을 알게 하는 나무의 열매는 먹지 말라 네가 먹
는 날에는 반드시 죽으리라" _창세기 2:16-17

마귀가 "참으로 모든 나무의 열매를 먹지 말라 하시더냐?"라고
물은 이유는 정말 하나님의 뜻을 몰랐기 때문이 아닙니다. 하나님의
말씀을 의심하게 만들고자 한 질문이었습니다. 하나님이 베푸신 은
혜를 왜곡하고 부정함으로써 사람의 마음에 하나님을 향한 반감을
심는 마귀의 전략이었습니다. 이처럼 마귀는 부정적인 것을 진실인
것처럼 생각하게 하고 우리를 하나님의 말씀에서 멀어지게 만듭니다.

인류 최초의 범죄는 이렇게 '부정적인 생각'을 통해서 시작되었습
니다. 하와는 마귀의 말을 들었을 때 무엇이 참인지를 놓치고 말았습
니다. 부정적인 말이 하와의 생각에 자리 잡게 되고 그녀 역시도 하
나님의 말씀을 왜곡하게 되었습니다.

"여자가 뱀에게 말하되 동산 나무의 열매를 우리가 먹을 수 있으나 동산 중
앙에 있는 나무의 열매는 하나님의 말씀에 너희는 먹지도 말고 만지지도
말라 너희가 죽을까 하노라 하셨느니라" _창세기 3:2-3

하와는 "선악과를 먹으면 반드시 죽을 것이다"라고 경고하신 하

나님의 말씀에 "만지지도 말라"는 말과 "죽을까 하노라"는 말, 즉 자신의 생각에서 나온 말들을 추가했습니다. 하와에게 들어간 부정적인 생각이 하나님의 말씀에 대한 의심과 왜곡으로 이어진 것입니다.

부정적인 말이 우리 생각에 들어와서 우리의 잠재의식을 지배하면 그때부터 파멸의 길로 걸어갈 수밖에 없습니다. 생각은 우리의 행동, 나아가서 삶 전체를 이끌어가는 동력과도 같기 때문입니다.

하와는 뱀의 말을 듣고 나서 선악을 알게 하는 나무를 향해 나아갔습니다. 그리고 그 나무의 열매를 바라보기 시작했습니다. 이처럼 부정적인 생각이 마음을 점령하면 가지 말아야 할 곳으로 가고 바라보지 말아야 할 것을 바라보게 됩니다. 그 결과 아담과 하와는 하나님이 먹으면 반드시 죽을 것이라고 경고하신 금단의 열매를 따먹고 말았습니다.

"여자가 그 나무를 본즉 먹음직도 하고 보암직도 하고 지혜롭게 할 만큼 탐스럽기도 한 나무인지라 여자가 그 열매를 따먹고 자기와 함께 있는 남편에게도 주매 그도 먹은지라"_창세기 3:6

부정적인 생각은 인류의 조상 아담과 하와가 지은 죄의 모습에 그 뿌리를 두고 있습니다. 그러기에 성도들은 하나님이 주신 삶을 성공적인 인생으로 가꾸어가기 위해 부정적인 생각을 가져오는 마귀의 궤계를 분명히 간파하고 단호히 물리쳐야 합니다.

성경이 말하는 성공적인 인생

성경이 말하는 성공적인 인생, 복이 따르는 삶은 무엇일까요? 바로 하나님이 기뻐하시는 뜻대로 우리의 인생을 만들어가는 것입니다. 이런 모습은 시편 1편에 잘 요약되어 있습니다.

"복 있는 사람은 악인들의 꾀를 따르지 아니하며 죄인들의 길에 서지 아니하며 오만한 자들의 자리에 앉지 아니하고 오직 여호와_{야훼}의 율법을 즐거워하여 그의 율법을 주야로 묵상하는도다 그는 시냇가에 심은 나무가 철을 따라 열매를 맺으며 그 잎사귀가 마르지 아니함 같으니 그가 하는 모든 일이 다 형통하리로다"_시편 1:1-3

악인들의 꾀를 따르지 않는다는 것은 악한 계획_{생각}을 도모하는 일에 참여하지 않는 것을 의미합니다. 죄인들의 길에 서지 않는다는 것은 죄를 즐겨 짓는 이들을 따르지 않는 것_{삶의 올바른 방향에 서는 것을}

뜻합니다. 또한 오만한 자들의 자리에 앉지 않는 것은 교만하게 행동하는 자들과 어울리지 않는 것행동으로 옮기는 것을 말합니다.

이렇게 하나님이 기뻐하시는 인생을 살기 위해서는 먼저 부정적인 생각을 버려야 합니다. 하나님 안에서 긍정적인 생각으로 자신을 무장해야 합니다. 생각을 잘 지키는 사람만이 행동을 바르게 하고 삶의 방향을 잘 설정할 수 있습니다.

인생의 어려움을 겪는 사람들에게 위로와 힘을 주는 명문장들을 소개한 책이 있습니다. 문화사학자 신정일 작가가 쓴 『그토록 가지고 싶은 문장들』에는 다음과 같은 글이 있습니다.
　"생각을 조심하라.
　왜냐하면 그것은 말이 되기 때문이다.
　말을 조심하라.
　왜냐하면 그것은 행동이 되기 때문이다.
　행동을 조심하라.
　왜냐하면 그것은 습관이 되기 때문이다.
　습관을 조심하라.
　왜냐하면 그것은 인격이 되기 때문이다.
　인격을 조심하라.

왜냐하면 그것은 인생이 되기 때문이다."

인생은 생각을 통해 빚어지기 시작합니다. 그러기에 삶을 성공적으로 살아가고자 하는 사람은 먼저 바르고 긍정적인 생각을 하나님의 말씀 안에서 품어야 합니다.

우리의 말은 잠재의식에 각인된다

나아가 크리스천들은 타인에게 부정적인 생각을 심어 주는 말을 하고 있지 않은지 스스로 돌아봐야 합니다. 특히 부모는 자녀에게 은연중 내뱉는 말이 자녀의 잠재의식 속에 깊이 박힐 수 있다는 것을 알고 언어를 잘 사용해야 할 책임이 있습니다.

옛날 어른들이 화가 나면 "에이, 빌어먹을 녀석아. 머저리 같은 녀석아"라고 말했던 것을 종종 본 적이 있습니다. 어른들이 화가 나서 무심코 던지는 말일 수 있으나 그런 부정적인 말이 아이들의 잠재의식에 각인되어 마음에 큰 상처를 주고 부정적인 자아를 형성하게 했음을 알아야 합니다. 간혹 자신의 감정을 다스리지 못하고 아이들을 저주하는 말을 내뱉는 부모도 있습니다. "왜 너 같은 녀석이 태어나서 이렇게 나를 힘들게 하는지 모르겠다"라든지, "넌 차라리 태어나지 않는 것이 좋을 뻔했다"와 같은 저주와 분노로 뭉쳐진 말들은 아이들의 자기 정체성과 인생에 심각한 영향을 끼칩니다. 아이들은 자신도 모르는 사이에 '나는 쓸모없는 사람이야. 나는 태어나지 말았어야 했어'라며 자신의 가치를 부정하는 생각에 사로잡히게 됩니다. 이런 부정적인 생각이 아이들의 마음을 점령하여 행동과 인격, 인생 전체를 파멸로 이끌어가는 것입니다. 그러기에 성경은 부정적이고 파괴적인 것들로부터 마음을 지키라고 권면합니다.

> "모든 지킬 만한 것 중에 더욱 네 마음을 지키라 생명의 근원이 이에서 남이니라" _잠언 4:23

마귀가 일으키는 부정적인 생각은 파괴적인 힘을 발휘합니다. 개인과 가정을 파국으로 이끌고 사회에 서로를 향한 적개심을 불러일으키며 나라와 나라를 전쟁으로 몰아넣습니다. 이런 끔찍한 일들은 마귀가 주는 부정적인 생각과 연결되어 있습니다.

크리스천들은 부정적인 생각으로부터 자신을 지켜야 합니다. 나아가 가정과 이웃과 사회가 부정적인 생각에 잠식당하지 않도록 긍정의 메시지, 긍정의 에너지를 전해야 합니다.

성공에 이르는 12가지 지혜

"

삶을 성공적으로
살아가고자 하는 사람은

먼저 바르고 긍정적인 생각을
하나님의 말씀 안에서
품어야 합니다.

"

THINK

POSITIVE

2.
긍정의 에너지를 배가시키라

영적으로 승리하고 성공적인 삶을 살아가기 위해서는 부정적인
생각을 멀리해야 할 뿐 아니라 긍정의 에너지를 잘 활용할 줄 알아
야 합니다.

부정적인 사람에게서 돌아서라

성경은 하나님의 말씀에 맞서 분란을 일으키거나 성도들의 신앙
생활을 방해하는 자들에게서 떠나라고 말씀합니다. 그런 자들과는
어울리지도, 인사조차도 하지 말라고 권면합니다. 부정적이고 파괴적
인 사람들과는 관계를 끊으라는 말입니다.

"형제들아 내가 너희를 권하노니 너희가 배운 교훈을 거슬러 분쟁을 일으
키거나 거치게 하는 자들을 살피고 그들에게서 떠나라"_로마서 16:17

"누구든지 이 교훈을 가지지 않고 너희에게 나아가거든 그를 집에 들이지도
말고 인사도 하지 말라"_요한이서 1:10

예수님이 말씀하셨듯이 좋은 나무에서 좋은 열매가 맺히고 나쁜 나무에서 나쁜 열매가 맺히기 마련입니다마 7:17-18. 무늬는 성도이지만 그 행실이 악하고 부정적이라면 그는 진실하게 그리스도를 따르는 자가 아닙니다. 그저 마귀의 꼬임에 빠져 자기 이익과 생각을 좇아 행하는 사람에 불과합니다.

오늘날 교회에서 험담, 비방, 욕설과 같이 백해무익百害無益한 말을 하는 사람들이 있습니다. 이러한 사람들을 묵인하거나 덮어두면 썩은 사과 하나가 상자 안의 온 과일을 썩게 하듯 공동체 전체가 부정적으로 변해갈 것입니다. 그렇기에 성경은 이런 악하고 부정적인 사람들을 살피고 그들에게서 떠나라고 말씀합니다.

긍정의 버스를 운행하라

개인, 지도자, 비즈니스 현장 등에서 긍정 전문가로 손꼽히는 사람이 있습니다. 베스트셀러 작가 존 고든Jon Gordon입니다. 그는 '펩PEP, Positive Energy Program'이라는 프로그램을 만들고 미국 전역을 다니며 긍정적인 에너지를 전파하고 있습니다.

그는 『에너지 버스』를 통해 긍정 에너지를 주는 비결을 소개했습니다. 이 책의 요지는 긍정적인 에너지를 가진 사람들을 모아 내가 운전하는 에너지 버스에 태우고 인생의 바른 목적을 향해서 함께 달려가야 한다는 것입니다.

그는 우리가 부정적인 에너지를 내뿜는 사람들을 만나 어울리면 우리에게 있는 긍정적 기운이 빠져나가게 된다고 설명합니다. 그러기에 부정적인 사고, 말, 가치관으로 뒤덮인 사람들과 뒤섞이면서 에너지를 낭비하지 말고, 긍정의 에너지를 발산하는 이들과 만나 교제하여 더 아름답고 귀한 일들을 도모하라고 권하고 있습니다.

이는 날마다 하나님 안에서 긍정적인 생각과 자세로 믿음의 길을 걸어야 하는 크리스천들의 삶의 원리와도 상통하는 부분이 있습니다. 불평불만으로 하루하루를 보내는 이들과 함께 시간을 보냈을 때 자신 안에 있는 긍정의 에너지가 빠져나가는 듯한 느낌을 경험한 적이 있을 것입니다. 부정적인 생각과 말은 전염성이 강합니다. 그것들은 우리에게서 기쁨과 평안을 빼앗고, 그 자리에 염려, 근심, 걱정, 불안, 미움을 가져다줍니다.

우리가 믿는 하나님은 좋으신 아버지입니다. 모든 것이 합력하여 선을 이루게 하시는 분입니다롬 8:28. 좋으신 하나님, 전능하신 하나님을 믿는 믿음은 긍정적일 수밖에 없습니다.

성공에 이르는 12가지 지혜

그렇기에 그리스도인은 하나님을 향한 믿음이 없어 매사 불평과 원망으로 자기에게 주어진 시간을 낭비하는 사람들과는 결코 함께하면 안 됩니다. 물론 그런 사람들이 하나님의 은혜 안으로 들어와 긍정적인 모습으로 살아가도록 권면해야 합니다. 그러나 그들이 변하지 않는다면 그들에게서 단호하게 돌아서야 합니다. 계속해서 그들과 함께하며 삶을 허비해서는 안 됩니다. 하나님이 우리에게 주신 긍정의 에너지는 부정적인 에너지에 잠식당하라고 주신 것이 아니기 때문입니다.

30배의 능력을 내는 비결

현대 경영의 창시자로 불리는 톰 피터스Tom Peters는 미국 최고의 경영인이자 열정적인 경영 컨설턴트로 사업하는 이들 사이에서 모르는 사람이 없을 정도로 유명한 인물입니다. 그의 저작 『초우량 기업의 조건』, 『미래를 경영하라』는 경영 분야 베스트셀러로 많은 사람에게 큰 울림을 주었습니다.

그가 기업인들에게 강조하는 한 가지 조언이 있습니다. 직원에게 긍정적인 피드백을 주는 것이 부정적인 피드백을 주는 것보다 30배의 효과를 발휘한다는 것입니다.

'30배'라는 표현은 크리스천들에게 아주 익숙한 표현이기도 합니다. 예수님은 말씀의 씨앗이 좋은 땅에 뿌려질 때 30배, 60배, 100배의 열매를 맺을 수 있다고 말씀하셨습니다막 4:20. 여기서 좋은 땅이란 하나님의 말씀을 받을 수 있는 긍정적인 마음을 의미합니다.

이런 맥락에서 하나님의 말씀을 통해 긍정적 사고가 이미 내장된 크리스천은 세상의 부정적인 사람들보다 최소 30배의 뛰어난 잠재력을 보유한 사람들이라고 말할 수 있습니다. 그렇다면 이제 하나님을 잘 믿고 긍정적인 생각을 품고 살아가는 사람들과 함께하면서 자신이 가진 긍정의 에너지를 더욱 배가시켜야 합니다. 부정적이고 악한 에너지를 내뿜는 사람들로부터 돌아서야 합니다. 우리는 하나님이 태워주신 긍정의 신앙 버스를 타고 믿음으로 달려 나가야 합니다.

부정적인 SNS와 매체를 멀리하라

특별히 최근에는 가짜뉴스와 부정적인 소식들이 SNS를 통해 양산되는 시대입니다. 기독교인들 가운데에도 온종일 카카오톡, 유튜브, 인스타그램, 페이스북 등을 들여다보며 시간을 허비하는 사람이 많습니다.

크리스천들은 SNS와 같은 매체들을 통해 우리 신앙과 삶에 백해무익한 내용이 많이 오간다는 사실을 기억하며 부정적 매체를 멀리하고 경계하는 자세를 가져야 합니다. 우리는 보고 듣는 것에 쉽게 영향받는 연약한 존재임을 늘 자각해야 합니다. 그렇기에 보아도 좋은 것들을 보고, 들어도 좋은 말을 듣기 위해 애써야 합니다.

3.
절대 감사와 절대 긍정의 믿음으로 전진하라

사람들은 부정적인 생각을 떨쳐내고 부정적인 사람으로부터 돌아서야 한다는 것을 대부분 알면서도 자기 주변에 그런 사람들이 오가는 것을 방치하고 있습니다. 이를 생활에서 실천하기 위해서는 굳은 의지와 각고의 노력이 있어야 합니다. 이를 위해 효과적인 무기들이 있습니다.

절대 감사의 자세

어떤 상황에도 '절대 감사'하는 자세는 부정적인 세상을 이기는 크리스천의 강력한 무기가 됩니다. 하나님을 신뢰하는 절대 감사의 믿음으로 부정적인 생각과 싸우면 우리는 능히 승리하고 성공적인 삶을 살아갈 수 있습니다.

> "그러므로 너희가 그리스도 예수를 주로 받았으니 그 안에서 행하되 그 안에 뿌리를 박으며 세움을 받아 교훈을 받은 대로 믿음에 굳게 서서 감사함을 넘치게 하라" _골로새서 2:6-7

매일 선포하는 것이 중요합니다. "하나님 안에서 오늘도 좋은 일이 일어납니다!", "오늘도 나에게 넘치는 복을 주시니 감사합니다!", "나를 건강하게 해 주셔서 감사합니다!"

부정적인 사람들을 만날 때마다, SNS를 통해 부정적인 소식을 접하게 될 때마다 하나님께 감사의 고백을 드림으로 부정적 생각을 몰아냅시다. 우리의 생각과 말을 절대 감사로 무장할 때 날마다 승리할 수 있습니다.

절대 긍정의 선포

긍정의 선포는 기적을 가져온다는 것을 믿어야 합니다. 말은 우리의 생각과 느낌을 표현하는 수단이면서 동시에 생각과 느낌을 형

성하고 규정합니다. 우리가 어떤 말을 사용하느냐에 따라 인격과 삶
이 달라질 수 있습니다. 그래서 우리는 절대적으로 긍정의 말, 생명
을 살리고 치료하고 회복시키는 말을 해야 합니다.

> "예수께서 이르시되 할 수 있거든이 무슨 말이냐 믿는 자에게는 능히 하지
> 못할 일이 없느니라 하시니" _마가복음 9:23

> "내가 진실로 너희에게 이르노니 누구든지 이 산더러 들리어 바다에 던져지
> 라 하며 그 말하는 것이 이루어질 줄 믿고 마음에 의심하지 아니하면 그대
> 로 되리라" _마가복음 11:23

이렇게 긍정적인 말로 우리의 입술을 프로그래밍하고 개인, 가
정, 자녀, 사업, 일터를 향해 긍정적인 메시지를 선포할 때 그 삶이
성공적인 삶으로 변화하게 됩니다.

우리는 불평과 원망을 입에 달고 살았던 이스라엘 백성이 약속
의 땅 가나안에 들어가지 못하고 광야에서 죽었음을 기억해야 합니
다. 우리가 가야 할 길은 부정적 푸념의 길이 아니라 긍정적 선포의
길입니다. 절대 긍정의 선포로 나아가면 하나님이 우리의 삶을 성공
으로 이끄시는 것을 보게 될 것입니다.

성공에 이르는 12가지 지혜

◆ 성공의 지혜 3

절대 긍정의 믿음을 소유하라

1. 부정적 생각을 절대 허용하지 말라

/ 인류 최초의 범죄를 만든 부정적인 생각

/ 성경이 말하는 성공적인 인생

/ 우리의 말은 잠재의식에 각인된다

2. 긍정의 에너지를 배가시키라

/ 부정적인 사람에게서 돌아서라

/ 긍정의 버스를 운행하라

/ 30배의 능력을 내는 비결

/ 부정적인 SNS와 매체를 멀리하라

3. 절대 감사와 절대 긍정의 믿음으로 전진하라

/ 절대 감사의 자세

/ 절대 긍정의 선포

CHECK LIST 체크 리스트

나는 절대 긍정의 믿음을 소유한 사람인가요?
아래의 문항을 읽고 나에게 해당하는 것을 체크해 보세요. ☑

① 나는 주로 긍정적인 생각을 하는 사람인가? ☐

② 나는 불평하지 않기 위해 노력하는가? ☐

③ 내 주변에는 부정적인 사람보다 긍정적인 사람이 더 많은가? ☐

④ 나는 부정적인 생각을 심어 주는 SNS를 멀리하고 있는가? ☐
   (카카오톡, 유튜브, 인스타그램, 페이스북 등)

⑤ 나는 어떤 상황에서도 감사의 말을 하려고 노력하는가? ☐

나에게 해당하는 문항은 몇 개인가요? ____ 개

체크하지 못한 문항의 내용을 다시 살펴보고
지금부터라도 실천해 봅시다.

나의 성공 다이어리

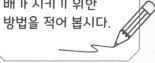

나에게 해 주고 싶은
긍정의 말을
적어 봅시다.

긍정의 에너지를
배가 시키기 위한
방법을 적어 봅시다.

이러므로 우리에게 구름 같이 둘러싼
허다한 증인들이 있으니
모든 무거운 것과 얽매이기 쉬운
죄를 벗어 버리고 인내로써
우리 앞에 당한 경주를 하며

-히브리서 12장 1절

너희는 이전 일을 기억하지 말며
옛날 일을 생각하지 말라

-이사야 43장 18절

4

성공의 지혜

장애물을 뛰어넘어라

—

4

장애물을 뛰어넘어라

인생은 장애물 달리기와 같습니다. 모든 사람은 인생 경주에 방해가 되는 크고 작은 장애물을 만나게 됩니다.

특별히 지난 3년간 코로나19로 인한 경기 침체와 그 여파는 여느 때보다 뛰어넘기 버거운 장애물이었습니다. 아직도 우리 주변에는 그 장애물로 인해 고통 가운데 살아가는 사람이 많이 있습니다. 그러나 장애물이 있다고 해서 달리기를 멈출 수는 없습니다. 장애물을 뛰어넘어야 우리가 소망하는 목적지에 도달할 수 있습니다.

장애물을 뛰어넘으려면 무엇보다 장애물을 두려워해서는 안 될니다. 두려워하는 마음이 오히려 가장 큰 장애물이라는 것을 잊으면 안 됩니다.

1.
자신의 연약한 부분을 보강하라

많은 경우 우리가 가진 연약함은 우리로 하여금 장애물이 두렵게 느껴지도록 합니다. 그러나 이 세상에 완전한 사람은 없습니다. 누구나 연약한 부분이 있기 마련입니다. 따라서 자신의 연약한 부분을 살피고 강하게 만들어 나가는 노력이야말로 우리 앞에 놓인 장애물을 뛰어넘고 성공을 향해 달려 나가는 데 매우 중요합니다. 크리스천은 먼저 영적인 면에서 강해져야 합니다.

말씀과 기도로 영성을 강화하라

인간은 영혼을 가진 존재입니다. 그 영혼을 통해 하나님을 바라보게 되며, 그분의 뜻을 깨닫고, 그분과 교제하는 삶을 살아갈 수 있습니다. 따라서 우리의 영혼이 하나님으로 충만할 때 비로소 우리 영적인 힘, 곧 영성이 강해지고 인생의 여러 가지 장애물을 뛰어넘을 힘과 용기를 얻게 됩니다. 그렇기에 성경은 영혼의 잘됨을 매우 소중하게 여기는 것입니다.

> "사랑하는 자여 네 영혼이 잘됨 같이 네가 범사에 잘되고 강건하기를 내가
> 간구하노라" _요한삼서 1:2

더 나아가 인간의 영혼은 그 내면에 깃든 정신, 곧 혼을 이끕니다. 하나님으로 충만한 영혼은 정신을 강하게 일으켜 세우지만, 하나님을 향하지 않는 영혼은 근심과 염려와 절망으로 피폐해질 수밖에 없습니다. 따라서 아무리 힘들고 어려운 장애물 앞에서도 우리의 영혼이 성령으로 충만할 때 슬픔과 절망과 낙심을 이겨낼 수 있는 강한 정신력을 갖추게 됩니다.

또한, 강한 정신이 만들어 내는 기쁨과 감사와 긍정적인 에너지는 인간의 육신까지 강건하게 만듭니다. 동서고금을 막론하고 건강한 정신을 갖는 것을 건강한 육체를 유지하기 위한 금과옥조로 여겨오고 있는데, 이미 잠언에서도 건강한 마음의 중요성을 강조하여 말씀하고 있습니다.

"마음의 즐거움은 양약이라도 심령의 근심은 뼈를 마르게 하느니라" _잠언
17:22

이렇듯 영은 혼을 이끌어 가고, 혼은 육을 다스리는 것이 영과
혼과 육으로 구성된 인간의 창조원리입니다. 따라서 성공적인 삶을
살아가고자 하는 크리스천들은 성령으로 충만한 영혼, 하나님과 교
제하는 영혼, 영적인 강건함을 위해 온 힘을 다하는 영혼입니다.

이러한 강건한 영성은 오직 하나님의 말씀인 성경과 기도를 통
해 이루어집니다. 늘 하나님의 말씀을 읽고 묵상하는 사람, 기도
를 통해 하나님께 간구하고 하나님의 음성을 듣는 훈련을 지속하
는 사람의 영혼은 날이 갈수록 강건하게 됩니다. 다르게 생각해 보
면 말씀과 기도에 힘쓰는 삶이 건강한 영성의 지표가 될 수 있습니
다. 따라서 우리는 자신의 영혼이 건강한지 연약한지 스스로 알 수
있습니다. 내 영혼이 하나님으로 충만한지 세상으로 충만한지 깨달
을 수 있습니다. 말씀과 기도를 통해 성령충만한 삶을 살아가는 일
을 최우선으로 삼아야 합니다. 성령충만하여 영적으로 강건한 사람
이 될 때 우리는 그 어떤 장애물도 뛰어넘고 성공적인 삶을 살아갈
수 있습니다.

독서를 통해 지성을 강화하라

성공적인 삶을 살아가기 위해 우리는 또한 지성을 강화해야 합니다. 'Reader책 읽는 사람'가 'Leader지도자'가 된다는 말이 있습니다. 영상 매체가 만연한 현대 사회 속에서도 '읽는 것'의 중요성은 감소하지 않습니다. 사람들은 여전히 신문과 책을 찾아 읽고 세상의 흐름과 중요한 정보, 인문적 소양 등을 겸비하려 노력합니다.

『부자 습관 가난한 습관』을 집필한 톰 콜리Tom Corley와 마이클 야드니Michael Yardney는 5년 동안 233명의 부자와 128명의 가난한 사람을 조사하여 비교 분석했습니다. 여기서 부자와 가난한 사람들 간에 차이점을 발견했는데, 그중 하나가 독서였습니다.

세계적인 회사의 CEO들은 평균적으로 1년에 60권의 책을 읽는 데 반해, 일반 노동자들은 한 권 미만의 책을 읽는다고 합니다. 꾸준히 독서하며 지성을 훈련한 CEO들과 그러지 않은 일반 근로자의 평균 연봉 차이는 약 319배에 달했다고 합니다.

독서를 통해 여러 지식과 통찰력을 얻고 지성을 강화하는 일은 성공적인 삶을 살아가는 데 더할 나위 없이 훌륭한 자양분이 됩니다. 그래서 세상 사람들은 다른 사람들에게 뒤처지지 않기 위해, 또한 자기 삶을 성공으로 이끌기 위해 열심히 책을 읽습니다. 하물며 세상을 선도해야 할 우리 크리스천은 어떻게 해야 하겠습니까?

20세기 최고의 신학자 중 한 사람으로 손꼽히는 칼 바르트Karl Barth는 "한 손에는 성경을, 다른 한 손에는 신문을"이라는 유명한 말을 남겼습니다. 우리는 하나님의 말씀인 성경을 펴 읽으면서 그 가운데 우리를 향하신 주님의 뜻을 발견할 수 있어야 합니다. 하지만 여기서 한 걸음 더 나아가야 합니다. 신문과 서적을 통해 이 세상도 읽을 수 있어야 합니다.

저는 아무리 바빠도 한 달에 두 번 이상은 꼭 서점에 들립니다. 힘닿는 대로 많은 책을 사 와서 열심히 읽습니다. 책을 통해 세상을 이해하게 되고, 사람들에 대한 통찰을 가질 수 있다고 생각합니다. 사람들이 어떤 세상에서 살아가고 있으며 또한 무엇에 관심을 두고 살아가는지 알아야 그들에게 복음을 제대로 전할 수 있지 않겠습니까?

크리스천들은 항상 '책 읽는 사람들'이어야 합니다. 말씀을 읽고 신문을 읽고 양질의 책들을 읽어 지성을 건강하게 만들어야 합니다. 그렇게 할 때 인생에서 만나는 장애물을 뛰어넘을 수 있습니다.

운동과 식사 조절로 육체의 건강을 강화하라

1~2세기 초대교회를 가장 위협했던 이단은 영지주의였습니다. 당시 헬레니즘 문화에서 비롯된 영지주의는 영혼과 육체를 이분화하여 영적인 것은 고귀한 것으로, 반면에 육체적인 것은 하찮은 것으로 여기던 사상이었습니다. 이러한 영지주의는 교회 가운데 교묘하게 침입해서 잘못된 가르침을 전파하며 큰 혼란을 일으켰습니다.

그러나 기독교는 영혼과 육체를 모두 귀하게 여기도록 가르칩니다. 오히려 그 어떤 종교나 철학보다도 몸을 소중하게 여기는 것이 기독교 신앙입니다. 미국의 1차 대각성 운동을 이끌었던 조나단 에드워즈Jonathan Edwards 목사님은 성경을 연구하고 목회하는 일을 최상의 컨디션으로 감당하기 위해 매일 정해진 시간에 배부르지 않을 정도로 식사를 했고 몸에 자극이 되는 음식은 피했다고 합니다. 고도의 집중력을 오랫동안 유지하려면 체력도 필요했기에 여름에는 숲길 산책과 승마, 겨울에는 장작 패기 등으로 체력을 관리했습니다. 그는 하나님의 영광을 위해 그 누구보다 열정적이고 헌신적인 삶을 살았습니다. 그리고 이러한 삶이 식사 조절과 꾸준한 운동같이 자기 몸을 돌보는 일을 통해 뒷받침된다는 것을 보여 주었습니다.

연세대학교 철학과 명예교수이자 독실한 크리스천이신 김형석 교수님은 2023년 들어 104세를 맞으셨습니다. 김형석 교수님은 고령에도 불구하고 여전히 지팡이 없이 걸으시며, 또렷한 기억력과 맑은 정신을 늘 유지하시는 분입니다. 김형석 교수님의 이러한 건강 비결에는 매일 정해진 시간에 삼시세끼 영양분이 골고루 갖춰진 식사를 하고, 등산이나 수영과 같은 운동을 즐기는 습관을 갖고 있기 때문이라고 합니다.

우리의 몸은 아무렇게나 막 쓰라고 주어진 것이 아닙니다. 하나님의 영광을 위해 사용하도록 주신 것입니다. 하나님은 우리가 영혼이 잘됨 같이 몸 또한 강건하기를 바라십니다요삼 1:2. 그러므로 우리는 하나님이 주신 몸을 잘 관리해야 합니다. 영성과 지성을 겸비하는 일과 더불어 건강한 육체를 유지해나가는 일은 성공적인 삶이라는 퍼즐을 완성하는 중요한 조각이 될 것입니다.

66

장애물을 뛰어넘으려면
무엇보다 장애물을
두려워해서는 안 됩니다.

두려워하는 마음이 오히려
가장 큰 장애물이라는 것을
잊으면 안 됩니다.

2.
과거에 붙잡혀 있지 말라

크리스천들이 성공적이고 진취적인 인생을 살아가는 데 있어서 큰 장애물은 과거에 붙잡혀 있는 태도입니다. 아무리 뛰어난 사람도 과거의 부정적인 경험이나 상처 등에 매여 있으면 결국 앞으로 나아갈 수 없습니다. 인생의 장애물들을 뛰어넘으며 성공을 향해 나아가기 위해서는 우리를 부정적인 과거에 매여 있게 하는 끈을 끊어내는 것이 중요합니다. 과거의 부정적인 일로 인해 만들어진 기억과 감정 가운데 우리의 마음을 끊임없이 괴롭고 힘들게 하는 것들을 가리켜 '쓴 뿌리'라고 합니다. 우리는 이러한 쓴 뿌리를 반드시 제거해야 합니다.

쓴 뿌리가 만들어 내는 부정적 영향들

쓴 뿌리는 죄책감과 마음의 상처 등, 온갖 부정적인 감정과 습관을 만들어 내는 원흉입니다. 이러한 쓴 뿌리는 다양한 경로를 통해 생겨납니다. 가정불화와 폭력을 당할 때 우리 안에 쓴 뿌리가 생겨납니다. 혹은 학교에서 따돌림당할 때, 직장에서 인격을 모독당할 때, 친구나 연인에게 배신당할 때 쓴 뿌리가 생기기도 합니다. 특히 인격과 자기 정체성이 아직 형성되지 않은 시기에 경험하는 상처들은 쓴 뿌리가 되어 우리 내면의 잠재의식 속에 오랫동안 자리 잡게 됩니다. 문제는 이러한 쓴 뿌리가 우리를 지속적으로 괴롭힌다는 데 있습니다.

> "너희는 하나님의 은혜에 이르지 못하는 자가 없도록 하고 또 쓴 뿌리가 나서 괴롭게 하여 많은 사람이 이로 말미암아 더럽게 되지 않게 하며"_히브리서 12:15

가정에서 부모로부터 학대당한 자녀는 자기는 나중에 절대 부모처럼 되지 않겠다고 다짐하지만, 결국 부모의 행동을 답습하곤 합니다. 그들의 마음속에 자리 잡은 쓴 뿌리가 인격과 삶 전반에 영향을 끼치기 때문입니다.

그렇기에 쓴 뿌리는 나와 하나님과의 관계, 나와 이웃과의 관계, 나와 세상과의 관계, 나와 나 자신과의 관계를 총체적으로 파괴합니다. 쓴 뿌리는 하나님의 말씀을 들어도 열매 맺지 못하게 가로막습니다. 사람들과의 관계 속에서 행복을 누리려다가도 두려움과 불안을 느끼게 하여 관계가 깨어지게 하고 다시 불행에 빠뜨립니다. 사회생활을 무기력하게 만들고 우울증에 빠져들게 만드는 것 역시 쓴 뿌리의 악영향입니다.

그래서 쓴 뿌리가 있는 사람은 신앙생활을 해도 하나님의 사랑을 있는 그대로 받아들이지 못합니다. 교회 공동체 안에서도 불화를 일으키는 경우가 많습니다.

쓴 뿌리가 있는 사람들이 모여 있으면 상황은 더 나빠집니다. 조용기 목사님은 생전에 종종 '무리의 법칙'을 말씀하셨습니다. 긍정적인 사람은 긍정적인 사람끼리 모이고, 부정적인 사람은 부정적인 사람끼리 모인다는 것입니다. 이런 면에서 쓴 뿌리가 있는 사람들도 알게 모르게 무리를 만들어 서로에게 상처를 주는 일이 많아질 수 있습니다. 이처럼 쓴 뿌리는 우리 삶과 신앙생활의 전 영역에서 심각한 문제를 일으킵니다.

쓴 뿌리를 파악하고 단호히 제거하라

쓴 뿌리를 제거하려면 먼저 그것이 무엇인지 제대로 파악해야 합니다. 쓴 뿌리를 가진 사람에게 자기 내면을 들여다보라고 하는 것은 고통스러운 일입니다. 들춰보기만 해도 몸서리치게 싫은 과거를 그 누가 들여다보고 싶겠습니까? 그러나 쓴 뿌리를 제대로 파악하지 않으면 결코 건강한 삶을 살 수 없습니다. 인생길을 가다가 작은 장애물만 만나도 내면에 있는 쓴 뿌리에 걸려 넘어지기 때문입니다.

우리가 쓴 뿌리를 제거하기 위해 반드시 붙들어야 하는 것은 예수 그리스도의 십자가 대속과 부활입니다. 예수님은 우리를 대신하여 십자가에서 돌아가시고 부활하심으로써 죄와 저주와 사망의 모든 권세를 정복하셨습니다.

예수님의 십자가와 부활은 우리의 영, 혼, 육 전인을 구원하고 치유하시는 사건입니다. 그러나 이처럼 우리를 총체적으로 회복시키시는 예수님의 구원을 깨닫지 못하고 과거의 경험에 붙잡혀 살아가는 크리스천이 얼마나 많은지 모릅니다.

성경은 이전의 일은 지나갔으니 그것에 매여 살지 말라고 단호히 말씀합니다.

"너희는 이전 일을 기억하지 말며 옛날 일을 생각하지 말라"_이사야 43:18

"그런즉 누구든지 그리스도 안에 있으면 새로운 피조물이라 이전 것은 지나

성공에 이르는 12가지 지혜

갔으니 보라 새 것이 되었도다" _고린도후서 5:17

우리는 언제나 자신에 대한 분명한 자화상을 갖고 고백해야 합니다. "나는 주님 안에서 새로운 피조물입니다! 나는 예수님의 십자가와 부활을 통해 회복되었습니다!"

이처럼 예수님 안에서 회복된 정체성을 분명하게 갖고 있어야 합니다. 우리가 더는 과거의 상처나 고통에 매이지 않는 존재라는 것을 확실히 알아야만 우리 안에 자리 잡은 쓴 뿌리를 들여다볼 용기가 생깁니다.

그다음 해야 할 일은 예수 그리스도 보혈의 공로와 그분의 능력을 의지하여 우리의 쓴 뿌리를 제거해 달라고 하나님께 기도하는 것입니다. 쓴 뿌리가 주는 부정적 영향에서 벗어나 하나님의 풍성한 은혜를 누리며 살게 해 달라고 기도하십시오. 더는 쓴 뿌리에 매이지 않도록, 우리의 상처와 아픔의 근원으로부터 치유해달라고 간구하십시오. 하나님은 부르짖는 자녀의 기도에 반드시 응답해 주실 것입니다.

"그가 내게 간구하리니 내가 그에게 응답하리라 그들이 환난 당할 때에 내

가 그와 함께 하여 그를 건지고 영화롭게 하리라"_시편 91:15

3.
죄책감에서 벗어나라

쓴 뿌리 중에서도 마귀가 우리를 넘어뜨리는 데 가장 잘 활용하는 것이 죄책감의 쓴 뿌리입니다. 그렇기에 우리가 성공적인 미래로 나아가기 위해서는 죄책감에서 벗어나야 합니다.

"이러므로 우리에게 구름 같이 둘러싼 허다한 증인들이 있으니 모든 무거운 것과 얽매이기 쉬운 죄를 벗어 버리고 인내로써 우리 앞에 당한 경주를 하며"_히브리서 12:1

여기서 '무거운 것'은 과거의 죄, 실패, 마음의 상처 등을 의미하고. '얽매이기 쉬운 죄'는 잘못된 습관과 성격의 문제를 의미합니다. 성경은 이러한 것들을 벗어버리고 믿음의 경주를 하라고 말씀합니다.

원래 죄책감은 죄를 깨닫고 회개하기 위해서 하나님이 우리에게 주신 양심의 기능입니다. 따라서 죄를 회개하고 죄에서 돌이킬 때 죄책감은 사라지게 됩니다. 반면 죄를 회개하지 않으면 죄책감이 우리를 두려움과 불안에 사로잡히게 할 것입니다.

그러나 죄책감이 심해지면 우리를 절망에 빠뜨립니다. 우리의 생각과 말과 행동을 부정적이고 악하게 변화시킵니다. 심지어 구원의 확신까지도 흔들리게 만듭니다.

하나님은 우리가 죄책감의 고통 속에 사는 것을 원치 않으십니다. 죄책감을 통해 회개하고 과거의 상처에서 벗어나 평안한 삶을 살아가기를 원하십니다.

"보옵소서 내게 큰 고통을 더하신 것은 내게 평안을 주려 하심이라 주께서 내 영혼을 사랑하사 멸망의 구덩이에서 건지셨고 내 모든 죄를 주의 등 뒤에 던지셨나이다"_이사야 38:17

하나님은 우리가 회개한 죄를 하나님의 등 뒤로 던져버리셨습니다. 그리고 그 죄를 다시는 기억하지 않으십니다. 그런데 회개한 죄를 계속 생각나게 하고 우리를 죄책감에 빠지게 하는 것은 마귀의 역사입니다. 마귀는 우리가 하나님의 용서를 온전히 믿지 못하게 만들고,

우리의 영혼을 고통 가운데 지내게 합니다.

　마귀가 우리를 죄책감에 빠지게 하는 이유는 분명합니다. 우리가 죄책감으로 영적인 침체에 빠지게 되면 빛의 자녀로 살지 못하게 되고, 그만큼 복음 전파의 사명을 이루지 못하기 때문입니다.

　반드시 기억하십시오. 예수님이 십자가에서 돌아가셨을 때 우리의 모든 죄를 단번에 용서하셨습니다.

　"그는 저 대제사장들이 먼저 자기 죄를 위하고 다음에 백성의 죄를 위하여 날마다 제사 드리는 것과 같이 할 필요가 없으니 이는 그가 단번에 자기를 드려 이루셨음이라"_히브리서 7:27

　이미 회개한 죄에 대한 죄책감이 들면 그것은 마귀의 속임수임을 알아채야 합니다. 죄책감을 심어 주는 마귀를 대적하고 영적 전쟁에서 승리해야 합니다. 우리의 마음을 옥죄고 있는 죄책감의 사슬을 끊어버리십시오. 죄책감에서 벗어날 때 우리는 비로소 성공적인 인생을 향해 자유롭게 나아갈 수 있습니다.

4.
위기를 기회로 삼아라

장애물 없는 인생을 살아가는 사람은 없습니다. 그러나 장애물 때문에 인생의 위기를 맞느냐 아니냐는 우리에게 달려 있습니다.

위기 속에 있는 가능성을 발견하라

'위기危機'라는 말은 '위험'을 뜻하는 '위危'와 '기회'를 뜻하는 '기機'로 구성되어 있습니다. 이를 풀이하면 '위험'에 빠지는 것을 조심하되 그 속에 있는 '기회'는 포착해야 한다는 숨은 뜻을 발견할 수 있습니다.

인생에서 만나게 되는 문제의 장애물은 축복으로 가는 징검다리입니다. 장애물을 통과하면서 우리는 더 예리한 분별력과 판단력을 키우고 발전하는 삶을 살 수 있기 때문입니다.

네덜란드에는 "태풍이 불면 어떤 이는 담을 쌓고 어떤 이는 풍차를 단다"라는 속담이 있습니다. 국토가 평평하고 산이 거의 없는 네

덜란드는 북해에서 불어오는 강한 바람을 맞닥뜨려야 했습니다. 그러나 이러한 환경의 악조건을 역으로 이용하여 네덜란드 사람들은 풍차를 제작했습니다. 불어오는 바람을 막는 데에만 급급하지 않고 오히려 바람을 이용하여 유익하게 사용할 기회로 삼은 것입니다.

인생에서 만나는 장애물도 마찬가지입니다. 누군가는 문제를 만날 때 좌절하며 주저앉습니다. 반면 누군가는 그 문제의 진흙 속에서 숨겨진 축복의 진주를 발견하기도 합니다. 사도 바울은 그리스도로 인하여 갖은 고난을 겪었습니다. 그러나 그는 고난 속에서도 소망을 발견했기에 즐거워한다고 고백할 수 있었습니다.

"다만 이뿐 아니라 우리가 환난 중에도 즐거워하나니 이는 환난은 인내를, 인내는 연단을, 연단은 소망을 이루는 줄 앎이로다" _로마서 5:3-4

하나님을 힘입어 다시 일어서라

리더의 자질은 장애물을 만날 때 드러납니다. 어려운 상황 속에서도 바르고 가치 있는 길을 향해 전진할 수 있는 사람이야말로 참 리더입니다. 오늘날 크리스천들 가운데 이러한 리더가 많이 나와야 합니다.

요즘 세대에는 작은 고난이 닥쳐와도 낙심하거나 포기하는 사람이 많습니다. 'N포세대'라는 말을 아십니까? 청년들이 연애, 결혼, 출산 세 가지를 포기한다고 해서 그들을 '삼포세대'라고 불렀습니다. 그런데 집, 경력, 인간관계, 심지어 꿈까지 포기할 것이 점점 늘어나서 이제는 셀 수 없는 많은 걸 포기한다고 하여 N포세대가 되었다고 합니다. 오늘날 청년들의 삶이 어려운 게 사실입니다. 그렇다고 해서 포기하는 것이 답은 아닙니다.

크리스천들은 하나님의 부르심을 받은 자들입니다. 부르심의 푯대를 향해 가는 길에서 장애물을 만나더라도 포기하면 안 됩니다. 설령 장애물에 걸려 넘어질지라도 다시 일어나 푯대를 향해 끝까지 달려가야 합니다.

내 앞에 장애물이 있습니까? 장애물을 주목하지 말고 장애물 위에 계신 주님을 바라봅시다. 모든 상황을 통해 선을 이루실 하나님의 섭리를 신뢰하며 나아갑시다. 이러한 절대 긍정의 신앙을 가질 때 우리는 장애물을 뛰어넘어 전진할 수 있습니다.

"우리가 알거니와 하나님을 사랑하는 자 곧 그의 뜻대로 부르심을 입은 자들에게는 모든 것이 합력하여 선을 이루느니라"_로마서 8:28

성공에 이르는 12가지 지혜

장애물을 뛰어넘어라

1. 자신의 연약한 부분을 보강하라

- / 말씀과 기도로 영성을 강화하라
- / 독서를 통해 지성을 강화하라
- / 운동과 식사 조절로 육체의 건강을 강화하라

2. 과거에 붙잡혀 있지 말라

- / 쓴 뿌리가 만들어 내는 부정적 영향들
- / 쓴 뿌리를 파악하고 단호히 제거하라

3. 죄책감에서 벗어나라

4. 위기를 기회로 삼아라

- / 위기 속에 있는 가능성을 발견하라
- / 하나님을 힘입어 다시 일어서라

CHECK LIST 체크 리스트

나는 인생의 장애물을 뛰어넘는 사람인가요?
아래의 문항을 읽고 나에게 해당하는 것을 체크해 보세요. ☑

① 나는 매일 말씀을 읽고 기도하는 시간을 갖는가?

② 나는 꾸준히 책을 읽고 있는가?

③ 나는 건강을 위해 운동이나 식사 조절을 하고 있는가?

④ 나는 나의 쓴 뿌리가 무엇인지를 파악했는가?

⑤ 나는 쓴 뿌리를 없애 달라고 하나님께 기도했는가?

나에게 해당하는 문항은 몇 개인가요? ____ 개

체크하지 못한 문항의 내용을 다시 살펴보고
지금부터라도 실천해 봅시다.

나의 성공 다이어리

내 삶의 장애물은 무엇인지 적어 봅시다.

내게 있는 쓴 뿌리는 무엇이며, 그것을 제거하고 극복하기 위해 결심한 일들은 무엇인지 적어 봅시다.

행위가 온전하여
여호와야웨의 율법을 따라
행하는 자들은 복이 있음이여…
주의 말씀은 내 발에 등이요
내 길에 빛이니이다

-시편 119편 1, 105절

그러므로 믿음은 들음에서 나며
들음은 그리스도의 말씀으로 말미암았느니라

-로마서 10장 17절

5

성공의 지혜

하나님의 말씀 위에
굳건히 서라

—

5

하나님의 말씀 위에
굳건히 서라

크리스천이 이 세상을 살아가는 데 꼭 필요한 것이 하나님의 말씀입니다. 하나님의 말씀은 삶의 지혜를 가르쳐 줍니다. 하나님의 말씀은 영혼의 양식이며, 우리의 인생길을 비추는 등불이며 나침반입니다. 무엇보다 하나님의 말씀에는 권세가 있습니다.

"하나님이 이르시되 빛이 있으라 하시니 빛이 있었고"_창세기 1:3

하나님은 말씀 하나로 온 우주 만물을 창조하셨습니다. 하나님의 말씀은 지금도 살아 역사하고 있습니다히 4:12. 우리의 인생을 다스리고, 은혜와 용서와 기적과 치료와 회복의 길로 인도해 줍니다.

그렇기에 하나님의 말씀인 성경을 그저 주일날 교회에 들고 다니는 책 정도로 여기면 안 됩니다. 우리가 하나님의 말씀을 읽고 배울 수 있다는 것 자체가 큰 은혜이며 축복입니다. 나아가 우리가 성공적인 인생을 살 수 있는 비결 역시 하나님의 말씀 안에 있습니다.

1.
말씀을 묵상하라

크리스천은 하나님의 말씀 위에 굳건히 서 있어야 합니다. 이를 위해서는 늘 말씀을 묵상하는 삶을 살아야 합니다.

말씀을 통해 내 생각을 하나님의 생각으로 바꾸라

'묵상'이란 단순히 하나님의 말씀을 읽는 것을 넘어섭니다. 묵상은 하나님의 말씀을 깊이 생각하고, 그로써 내 생각과 의지를 다스리게 하는 것입니다. 성경은 말씀을 묵상할 때 우리가 무슨 일을 하든지 형통하고 성공할 것이라고 말씀합니다.

"복 있는 사람은 악인들의 꾀를 따르지 아니하며 죄인들의 길에 서지 아니
하며 오만한 자들의 자리에 앉지 아니하고 오직 여호와야훼의 율법을 즐거
워하여 그의 율법을 주야로 묵상하는도다 그는 시냇가에 심은 나무가 철
을 따라 열매를 맺으며 그 잎사귀가 마르지 아니함 같으니 그가 하는 모든
일이 다 형통하리로다"_시편 1:1-3

"이 율법책을 네 입에서 떠나지 말게 하며 주야로 그것을 묵상하여 그 안에
기록된 대로 다 지켜 행하라 그리하면 네 길이 평탄하게 될 것이며 네가 형
통하리라"_여호수아 1:8

말씀을 밤낮으로 묵상하며 지켜 행하는 자는 성공합니다. 우리
가 말씀을 늘 묵상하면 하나님의 뜻을 알게 되고, 매사에 무엇을 하
든지 하나님의 뜻대로 행할 수 있기 때문입니다.

날마다 말씀을 묵상하며 하나님의 생각에 푹 젖어야 합니다. 하
나님의 말씀을 통해 내 생각을 하나님의 생각으로 바꿀 때 비로소
하나님이 원하시는 삶을 살아갈 수 있습니다.

반면 악한 사람들은 하나님의 말씀을 멀리합니다. 그들은 성경이 가리키는 바른길에서 벗어나 죄인들과 함께합니다. 그리고 하나님의 뜻대로 행하는 사람들을 향해 어리석다고 조롱합니다. 이런 악한 자들이 일시적으로 잘되는 것처럼 보일 수 있습니다. 그러나 결국 그들은 멸망의 길로 가게 될 것입니다. 혹 세상에서 잠시 인정을 받을 수 있을지 몰라도 하나님의 인정은 받을 수 없기 때문입니다.

그러므로 악한 자들의 성공을 부러워할 필요가 전혀 없습니다. 우리는 하나님의 생각을 품고 하나님께 인정받는 성공을 향해 나아가야 합니다.

말씀 묵상을 삶의 우선순위에 두라

말씀을 묵상해야 할 필요성을 알면서도 세상을 바쁘게 살아가다 보면 말씀 묵상을 종종 잊어버릴 때가 있습니다.

내 삶을 한번 돌아봅시다. 하루의 삶 가운데 최우선에 두는 것이 무엇입니까? 크리스천은 아무리 바빠도 말씀 묵상을 최우선으로 두어야 합니다. 말씀이 우리의 길을 비춰주는 빛이기 때문입니다.

"주의 말씀은 내 발에 등이요 내 길에 빛이니이다"_시편 119:105

삶이 힘들다고 말씀을 가까이하지 않으면 등불 없이 어두운 길을 걷는 것과 같습니다. 빛이 없으면 어둠 속에서 길을 잘못 가기도 하고, 여기저기 부딪혀서 다칠 수도 있습니다. 하지만 아무리 힘든 일이 있어도 먼저 말씀을 깊이 묵상하면 말씀이 내가 가야 할 길을 비추고 목적지까지 안전하고 빠르게 갈 수 있도록 합니다.

그러므로 우리는 어떤 상황에서도 말씀의 빛을 밝혀 놓아야 합니다. 전등을 켜면 캄캄했던 방이 순식간에 환해지듯이 우리 마음에 말씀의 빛을 켜면 흑암의 세력이 떠나갑니다. 말씀이 주는 참된 기쁨과 평안을 누리게 될 것입니다.

2.
말씀을 생활화하라

하나님의 말씀은 살아서 역사하는 그분의 능력입니다.

"하나님의 말씀은 살아 있고 활력이 있어 좌우에 날선 어떤 검보다도 예리

날마다 말씀을 묵상하며
하나님의 생각에 푹 젖어야 합니다.

내 생각을 하나님의 생각으로 바꿀 때
비로소 하나님이 원하시는 삶을
살아갈 수 있습니다.

하여 혼과 영과 및 관절과 골수를 찔러 쪼개기까지 하며 또 마음의 생각과 뜻을 판단하나니"_히브리서 4:12

이 능력의 말씀이 내 것이 되도록 말씀을 생활화해야 합니다.

말씀을 암송하라

말씀을 내 것으로 만들기 위한 좋은 방법은 성경 구절을 암송하는 것입니다. 말씀을 암송하려면 먼저 말씀을 집중해서 읽어야 합니다. 그다음에는 소리 내서 그 말씀을 말해야 합니다. 그러면 자연스럽게 말씀을 귀로 듣고 생각하게 됩니다. 이렇듯이 암송은 말씀을 반복해서 읽고 생각하고 말하고 다시 듣고 생각하게 하여 결국 그 말씀을 따라 살아가게 합니다.

말씀을 암송하는 일이 어렵게 여겨지고 부담이 된다면 이렇게 시작하십시오. 이미 잘 알고 있는 말씀, 자주 들었던 쉬운 말씀부터 암송하는 것입니다. 혹은 성경을 읽다가, 설교를 듣다가 은혜받은 구절을 노트에 적어 놓고 하나씩 외우는 것도 좋습니다. 처음에는 힘들지만 이렇게 한 구절 한 구절씩 말씀을 암송하다 보면 말씀이 우리 안에서 살아 역사하는 것을 체험하게 될 것입니다.

말씀을 믿음으로 고백하라

말씀을 생활화하기 위해서 우리는 암송한 말씀이 이루어질 것을 믿고, 믿음으로 고백해야 합니다. 말씀이 우리의 삶 가운데 그대로 이루어지는 것을 볼 때 하나님의 말씀 안에서 살아가는 것이 얼마나 즐거운 일인지 깨닫게 됩니다.

특별히 암송한 말씀을 사용하여 기도하는 것은 큰 유익이 있습니다. 지렛대를 이용하면 큰 돌도 쉽게 움직일 수 있는 것처럼 우리가 하나님의 말씀을 고백하며 기도할 때 그분의 응답하심을 더욱 깊이 체험할 수 있습니다. 말씀에 근거한 기도는 하나님의 뜻과 일치하는 기도이기 때문입니다.

예를 들어, 하나님에게 응답받아야 할 기도 제목이 있다면 예레미야 33장 3절 말씀을 의지하여 기도할 수 있습니다. "하나님 아버지, '너는 내게 부르짖으라 내가 네게 응답하겠고 네가 알지 못하는 크고 은밀한 일을 네게 보이리라'렘 33:3고 말씀하셨습니다. 이 말씀을 의지하여 기도합니다. 약속의 말씀대로 내게 응답하여 주옵소서."
이런 식으로 말씀을 믿음으로 고백하며 기도하면 하나님이 그 기도
에 속히 응답해 주실 것입니다.

　　미국에서 레이크우드 교회를 담임하고 있는 조엘 오스틴Joel
Osteen 목사님의 간증입니다. 어느 날 목사님의 어머니가 말기 암 판
정을 받았습니다. 어머니의 상태가 너무 심각해서 의사도 더는 손을
쓸 방법이 없다고 말했습니다.
　　하지만 목사님의 어머니는 낙심하지 않았습니다. 오히려 하나님
께서는 분명히 치료하실 수 있다고 믿었습니다. 그래서 치료에 관련
된 말씀을 메모지에 써서 안방, 거실, 화장실 등 눈에 잘 보이는 곳
곳에 붙여 놓았습니다. 그리고 매일 그 말씀을 보고 읽으면서 자신이
치료받았음을 믿음으로 고백했습니다.
　　"'그가 채찍에 맞으므로 우리는 나음을 받았도다'사 53:5. 아멘!
나는 나음을 받았습니다." "'예루살렘 부근의 수많은 사람들도 모여
병든 사람과 더러운 귀신에게 괴로움 받는 사람을 데리고 와서 다 나
음을 얻으니라'행 5:16. 이 같은 치료에 관련된 말씀을 읽고 묵상하며
믿음으로 고백했습니다. 아멘! 나도 다 나음을 얻었습니다."

　　그녀가 이렇게 믿음으로 말씀을 계속 고백하자, 하나님이 그 고

백대로 역사하셨고 결국 그녀의 말기 암은 사라져버리고 말았습니다. 우리의 삶 가운데 하나님의 말씀을 믿고 고백하면 그 말씀의 능력이 우리에게 나타나게 되는 것입니다.

말씀을 삶에 적용하라

크리스천은 '세상 밖'에서 사는 사람들이 아닙니다. 주님이 다시 오실 때까지 이 '세상 속'에서 살아야 합니다. 그러다 보니 말씀과 상반되는 세상의 것을 접하지 않을 수 없습니다. 세속적인 문화가 눈에 보이고 귀에 들려서 우리의 심령을 괴롭게 하기도 합니다.

특히 현대 사회는 카카오톡, 유튜브, 인스타그램과 같은 SNS 매체가 크게 발달했습니다. 이를 통해 전 세계 사람들이 좋은 정보들을 공유하기도 하고 온라인을 통해 소통하고 마음을 나누고 있습니다. 그러나 안타깝게도 SNS를 악용하여 돈을 벌어들이려는 사람도 많습니다. 이런 사람들은 관심을 끌기 위해 자극적이고 충격적인 영상을 만들어서 올립니다. 사실 여부조차 확인하지도 않고, 타인의 인권은 무시한 채 '아니면 말고'라는 식으로 거짓된 정보를 배포합니다. 그래서 SNS 매체를 통해 전달되는 많은 거짓 정보가 세상 사람들의 마음을 부정적으로 만들고 있습니다.

우리는 하나님의 말씀으로 세상을 바꿔야 합니다. 특히 카카오톡, 유튜브, 인스타그램 등 SNS에서 부정적이고 자극적인 내용을 조장하는 어둠의 문화를 몰아내야 합니다. 긍정적이고 생산적이고 창조적인 콘텐츠들을 통해 희망의 메시지가 가득한 문화로 만들어가야 합니다.

성공하는 크리스천은 나만 잘되는 삶이 아니라 다른 사람까지 잘되게 하는 삶을 사는 사람들입니다. 우리가 세상을 향해 하나님의 말씀을 선포할 때 세상 사람들의 마음을 어둡게 했던 마귀의 권세가 사라질 것입니다. 말씀의 빛이 세상의 어둠을 몰아낼 것입니다.

3.
말씀의 권세를 활용하라

성공하는 인생을 살기 위해서는 말씀의 권세를 적극적으로 활용해야 합니다.

말씀은 믿음의 근거다

"그러므로 믿음은 들음에서 나며 들음은 그리스도의 말씀으로 말미암았느니라" _로마서 10:17

믿음은 말씀에서 나옵니다. 말씀을 읽고 듣고 묵상하여 지킬 때 믿음이 자라납니다. 이런 면에서 예배에 적극적으로 참석하는 사람이 그렇지 않은 사람보다 큰 믿음을 가지게 될 확률이 높다고 생각합니다. 예배에 나오면 자연스럽게 말씀을 듣게 되기 때문입니다. 같은 원리로 한 번 예배에 나오는 사람보다는 두 번, 세 번 예배에 나오는 사람이 말씀을 더 많이 듣기 때문에 믿음이 성장할 자양분을 더 많이 얻을 수 있습니다.

마귀는 이 사실을 잘 알고 있습니다. 그래서 믿음이 약한 사람이 시험에 들 때 마귀는 제일 먼저 교회에 가고 싶지 않다는 생각을 심어 줍니다. 교회 내 어떤 성도와 다투었는데, 이상하게도 그 사람이 아니라 하나님을 만나는 자리인 예배에 가고 싶지 않은 마음이 생겨나게 합니다. 이것은 마귀가 시험에 든 영혼을 실족시켜서 아예 일어나지 못하게 만드는 계략입니다. 그러므로 신앙생활을 하다가 마음에 서운함이 들어오고 시험에 들 일이 생기면 더 열심히 예배에 나와야 합니다. 더 자주 하나님의 말씀에 귀를 기울여야 합니다. 그래야 마귀의 계략에 빠지지 않고 믿음을 지킬 수 있습니다.

우리는 하나님의 말씀이 선포되는 자리를 늘 가까이해야 합니다. 언제 어느 곳에서 우리의 일생을 송두리째 바꿔놓을 말씀이 들려올지 모르기 때문입니다.

감리교 창시자인 존 웨슬리John Wesley 목사는 1738년 5월 24일 수요일 밤 8시 45분에 로마서 말씀을 듣다가 성령의 은혜를 체험하고 삶의 전환점을 맞이하게 되었습니다. 이때 그가 성령 체험을 한 이후에 하나님에게 크게 쓰임 받는 일꾼으로 변화되었습니다.

한국에 들어와 사역하던 로버트 하디Robert A. Hardie 선교사도 선교사 기도회 말씀을 준비하던 중 누가복음 11장 13절 말씀에 큰 은혜를 받고 성령의 은혜를 체험한 후 큰 부흥을 일으켰습니다. 이것이 1903년 원산에서 일어난 대부흥운동입니다.

말씀은 부흥을 불러옵니다. 기적을 일으킵니다. 예수님이 여리고를 지나실 때 앞을 보지 못하는 거지 바디매오가 예수님 앞에 나아왔습니다. 예수님이 "무엇을 해 주길 원하느냐?"라고 묻자, 그는 보기를 원한다고 대답했습니다. 그러자 예수님은 "가라 네 믿음이 너를

성공에 이르는 12가지 지혜

구원하였느니라"^막 10:52고 말씀하셨습니다. 그 즉시 그가 앞을 보게 되었습니다. 그가 예수님의 말씀을 믿음으로 받아들이자 눈을 뜨는 기적이 나타났습니다. 바디매오의 인생이 변화되었습니다.

말씀을 들을 때 믿음이 생기고 기적을 체험하게 됩니다. 그러므로 말씀 듣는 것을 소중히 여깁시다. 말씀을 한 번 들은 걸로 만족하지 말고 듣고 또 들으며 묵상해야 합니다. 말씀이 우리 인생을 변화시키고 하나님이 인정하시는 성공의 길로 우리를 이끌어 갈 것입니다.

말씀으로 마귀를 물리쳐라

예수님은 공생애 사역을 시작하시기 전에 40일간 광야에서 금식 기도를 하셨습니다. 그때 사탄이 찾아와 예수님을 세 번 시험했습니다. 그러나 예수님은 "기록되었으되"라고 하시며 하나님 말씀으로 사탄을 물리치셨습니다.

"예수께서 대답하여 이르시되 기록되었으되 사람이 떡으로만 살 것이 아니요 하나님의 입으로부터 나오는 모든 말씀으로 살 것이라 하였느니라 하시

니"_마태복음 4:4

"예수께서 이르시되 또 기록되었으되 주 너의 하나님을 시험하지 말라 하였
느니라 하시니"_마태복음 4:7

"예수께서 말씀하시되 사탄아 물러가라 기록되었으되 주 너의 하나님께 경
배하고 다만 그를 섬기라 하였느니라"_마태복음 4:10

우리도 마귀가 우리를 넘어뜨리려고 할 때 하나님의 말씀을 활
용해야 합니다. 하나님의 말씀으로 단호히 마귀를 물리쳐야 합니다.

마귀는 인생의 파괴자요, 도둑입니다. 이에 대해 성경은 다음과
같이 말씀합니다.

"도둑이 오는 것은 도둑질하고 죽이고 멸망시키려는 것뿐이요 내가 온 것은
양으로 생명을 얻게 하고 더 풍성히 얻게 하려는 것이라"_요한복음 10:10

도둑이 집안에 들어왔는데 도둑에게 조용히 나가달라고 부탁하
는 사람은 없을 것입니다. 도둑은 소리쳐 쫓아내야 합니다. 마찬가지
로 우리 안에 마귀가 들어오면 쫓아내야 합니다. 예수님처럼 말씀으

로 마귀를 대적해야 합니다.

요한계시록에 마귀와 싸워서 승리한 두 가지 무기가 나오는데, 그중 하나가 말씀입니다.

"또 우리 형제들이 어린 양의 피와 자기들이 증언하는 말씀으로써 그를 이 겼으니 그들은 죽기까지 자기들의 생명을 아끼지 아니하였도다" _요한계시 록 12:11

'어린양의 피'와 '증언하는 말씀', 즉 예수님의 보혈과 하나님의 말 씀이 우리의 능력입니다. 보혈의 능력과 말씀의 권세를 가지고 마귀 를 대적하면 마귀가 한 길로 왔다가 일곱 길로 도망갑니다. 말씀으로 흑암의 권세를 물리칠 수 있습니다.

말씀을 믿음으로 선포할 때 기적이 일어난다

예수님은 우리에게 믿음으로 선포하고 의심하지 않으면 산도 옮 겨질 것이라는 놀라운 말씀을 하셨습니다.

"내가 진실로 너희에게 이르노니 누구든지 이 산더러 들리어 바다에 던져지라 하며 그 말하는 것이 이루어질 줄 믿고 마음에 의심하지 아니하면 그대로 되리라" _마가복음 11:23

이처럼 믿음을 가지고 하는 말에는 위대한 권세와 능력이 있습니다. 그래서 선포하는 기도가 중요합니다. 문제를 일으키고 근심을 주는 자녀가 있습니까? 그 자녀를 향해 믿음의 선포를 하십시오. "내 딸이 위대한 하나님의 사람이 될 것을 믿습니다!", "내 아들의 난폭한 성격이 변화되고 착한 아이가 될 줄로 믿습니다!" 이렇게 믿음으로 선포하면 당장 변화가 보이지 않아도 그때로부터 기적의 역사가 시작되고 있는 것입니다.

매일 아침 일어나면 다음과 같이 선포해 봅시다.
· 오늘 하루가 축복의 날이 될지어다.
· 우리 가정에 하나님 복이 임할지어다.
· 자녀들에게 잘되는 복이 임할지어다.
· 부모님에게 건강의 복이 임할지어다.
· 직장과 사업에 형통의 복이 다가올지어다.
· 회사 동료들에게 하나님의 평안이 임할지어다.

성공에 이르는 12가지 지혜

중요한 것은 믿음으로 선포할 때 믿고 의심하지 말아야 한다는 것입니다. 그 말씀이 반드시 이루어진다는 확신을 갖고 선포해야 합니다. 말씀 위에 굳건히 서서 담대히 선포해야 합니다. '응답해 주시면 좋고 안 되면 어쩔 수 없다'라는 식으로 생각해서는 아무 일도 일어나지 않습니다.

매일매일 말씀으로 승리하고, 일평생 말씀의 권세를 잘 활용하여 위대한 하나님의 사람으로 쓰임 받게 되기를 바랍니다.

성공에 이르는 12가지 지혜

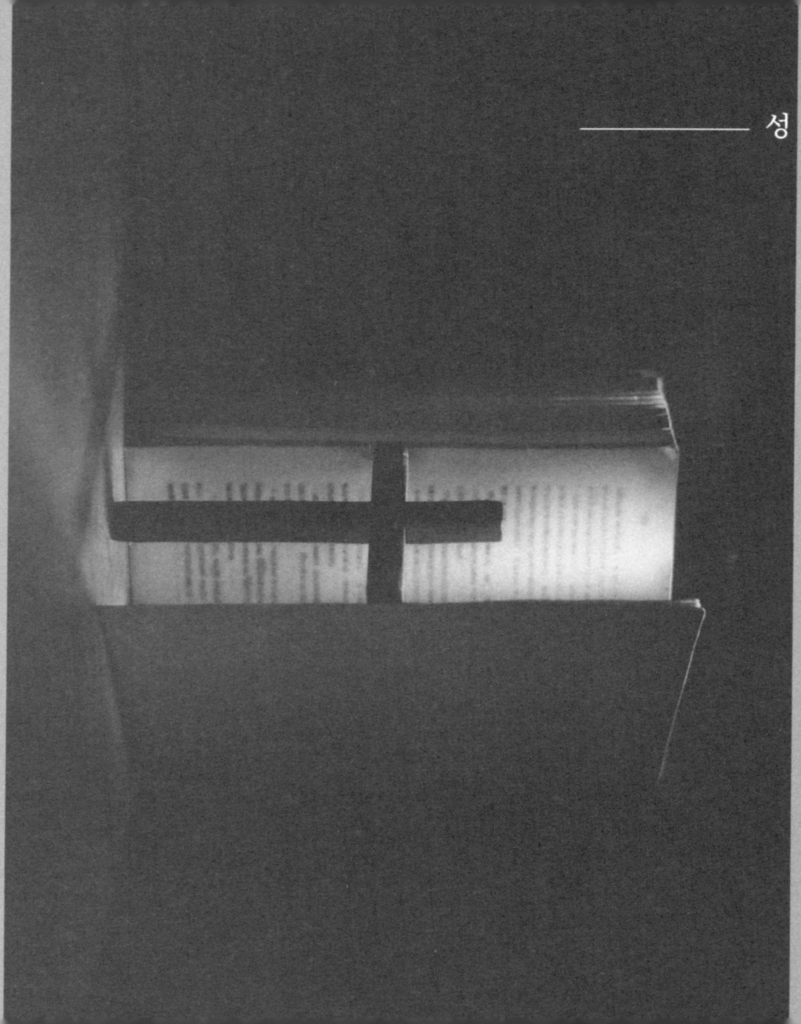

하나님의 말씀 위에 굳건히 서라

1. 말씀을 묵상하라

/ 말씀을 통해 내 생각을 하나님의 생각으로 바꾸라

/ 말씀 묵상을 삶의 우선순위에 두라

2. 말씀을 생활화하라

/ 말씀을 암송하라

/ 말씀을 믿음으로 고백하라

/ 말씀을 삶에 적용하라

3. 말씀의 권세를 활용하라

/ 말씀은 믿음의 근거다

/ 말씀으로 마귀를 물리쳐라

/ 말씀을 믿음으로 선포할 때 기적이 일어난다

CHECK LIST 체크 리스트

나는 말씀 위에 굳건하게 서 있는 사람인가요?
아래의 문항을 읽고 나에게 해당하는 것을 체크해 보세요. ☑

① 나는 매일 성경 말씀을 묵상하는가?

② 나는 성경 말씀을 암송하고 있는가?

③ 나는 말씀을 붙잡고 기도하는가?

④ 나는 일상생활 속에서 말씀을 믿음으로 고백하는가?

⑤ 나는 말씀으로 마귀를 대적하는가?

나에게 해당하는 문항은 몇 개인가요? _____ 개

체크하지 못한 문항의 내용을 다시 살펴보고
지금부터라도 실천해 봅시다.

나의 성공 다이어리

내가 가장 좋아하는 말씀,
혹은 암송하는 말씀 중
하나를 적어 봅시다.

말씀을 생활화하기 위해
결단해야 할 것을
적어 봅시다.

그러나 너희는 택하신 족속이요

왕 같은 제사장들이요

거룩한 나라요 그의 소유가 된 백성이니

이는 너희를 어두운 데서 불러 내어

그의 기이한 빛에 들어가게 하신 이의

아름다운 덕을 선포하게 하려 하심이라

−베드로전서 2장 9절

성공의 지혜

분명한
자화상을 가져라

—

6

분명한
자화상을 가져라

안데르센 동화 『미운 오리 새끼』의 주인공은 사실 오리가 아닌 백조입니다. 그런데 어린 백조가 오리들과 함께 살면서 그들과 다르게 생겼다는 이유로 따돌림을 당했습니다. 심지어 못생겼다고 놀림을 받았습니다. 그러다 보니 '미운 오리 새끼'라는 자화상을 갖게 되었고 자신을 부끄러워하며 살았습니다. 그러나 훗날 물에 비친 자기 모습을 보고 비로소 자기가 아름다운 백조라는 사실을 깨닫게 되었습니다. 그 순간 미운 오리 새끼는 움츠렸던 날개를 펴고 하늘로 날아오를 수 있었습니다.

분명한 자화상을 갖지 못한 사람은 동화 속 미운 오리 새끼처럼 백조로 태어났음에도 오리의 자화상을 가지고 힘들게 살아갑니다. 그렇기에 자신이 누구인지 분명히 아는 것이 중요합니다.

'나는 누구입니까?'

크리스천은 이 질문에 대한 답을 성경에서 찾을 수 있습니다. 이 답은 하나님이 규정하신 우리의 자화상입니다.

사람들이 나에 대해 무엇이라고 말하든지, 세상이 나를 어떻게 생각하든지, 하나님이 보시는 나의 모습이 가장 중요합니다. 나를 창조하신 분이 하나님이시기에 내가 누구인지를 가장 잘 아시는 분도 하나님이십니다. 그러므로 우리는 하나님이 가르쳐 주신 나의 자화상을 분명히 알고 마음 깊이 새겨야 할 것입니다.

1.
하나님이 택하신 자

우리는 '하나님의 택하신 자'입니다. 우리는 우연히 태어나 아무런 의미 없이 살다 가는 사람들이 아닙니다. 우리는 전지전능하신 하나님의 택하심을 받은 사람이라는 자부심을 가지고 살아가야 합니다.

세계 인구의 0.2% 정도밖에 되지 않는 유대인들이 세계를 주도하고 있다고 해도 과언이 아닐 것입니다. 금융업은 물론 정치, 학문, 예술, 문화 등 여러 분야에서 뛰어난 업적을 거둔 유대인들에 대한 수많은 서적만 보아도 잘 알 수 있습니다. 그들이 세계 역사에 끼치는 영향은 대단합니다. 그러다 보니 유대인의 성공비결과 교육법이 전 세계적으로 주목받고 있습니다.

유대인들이 이처럼 성공적인 인생을 살 수 있는 이유 중 하나는 그들이 하나님의 택하심을 받은 위대한 민족이라는 분명한 자화상을 가지고 있기 때문입니다.

하나님이 택하신 하나님의 사람이다

우리 또한 하나님이 택하신 하나님의 사람들입니다. 창세기에 의하면 인간은 다른 피조물들과 달리 하나님의 형상을 따라 만들어진 특별한 존재입니다. 하나님이 창세 전부터 그분이 가지고 계셨던 뜻과 계획을 따라 우리를 택하시고 하나님의 자녀로 삼으셨습니다.

"야곱아 너를 창조하신 여호와아훼께서 지금 말씀하시느니라 이스라엘아 너를 지으신 이가 말씀하시느니라 너는 두려워하지 말라 내가 너를 구속하

성공에 이르는 12가지 지혜

였고 내가 너를 지명하여 불렀나니 너는 내 것이라"_이사야 43:1

"내가 나의 종 야곱, 내가 택한 자 이스라엘을 위하여 네 이름을 불러 너는
나를 알지 못하였을지라도 네게 칭호를 주었노라"_이사야 45:4

'지명指名'했다는 것은 이름을 불러서 임명했다는 것입니다. 제가
학창 시절에 선생님이 제 이름을 불러 심부름시키시면 기분이 무척 좋
았습니다. '아, 선생님이 나를 인정하시는구나! 나를 사랑하시는구나'
라는 생각이 들어서 기뻐하며 열심히 심부름을 했던 기억이 납니다.

하물며 온 우주 만물을 창조하신 하나님이 우리를 지명하여 부
르셔서 너는 내 것이라고 말씀하시니 이 얼마나 놀라운 은혜입니까.
우리가 먼저 하나님을 선택한 것이 아닙니다. 하나님이 그 많고 많은
사람 중에 우리를 콕 집어 지명하여 부르셨습니다.

하나님은 택하신 당신의 자녀를 끝까지 사랑하십니다. 사람들은
어떤 사람을 좋아하다가도 마음이 상하면 그 사람과 원수가 되기도
합니다. 한 번 좋아했다고 해서 그 마음이 지속되지 않는 경우도 많
습니다. 그러나 하나님의 사랑은 변하지 않습니다. 하나님의 택하심
을 받은 우리가 죄를 짓고 실수하여 하나님을 떠나도 하나님은 우리
를 포기하지 않으십니다. 우리가 다시 돌아오기를 기다리십니다. 하

나님은 끝까지 우리를 사랑하십니다.

그렇기에 하나님의 택하심을 받았다는 분명한 자화상을 가지고 있으면 하나님의 놀라운 사랑 안에서 매일매일 기쁘게 살아갈 수 있습니다.

건강한 자화상을 가져라

많은 이가 자기 자신에 대해 건강한 자화상을 갖지 못하기에 실패합니다. 그런 사람들은 스스로 '나는 사랑받을 자격이 없어', '사람들은 나를 좋아하지 않아'라고 생각하며 매사에 부정적이고 적대적인 마음을 품고 살아갑니다.

이처럼 자화상이 망가져 있는 사람은 학교나 직장에서 문제를 일으킬 수밖에 없습니다. 결혼 생활을 원활하게 할 수 없습니다. 삶의 모든 영역이 무너지는 것입니다. 그러므로 건강한 자화상을 갖는 것은 인생의 성패를 가르는 중요한 요인입니다.

우리는 하나님의 택하심을 받았다는 건강한 자화상을 가져야 합니다. 그리고 그 자화상에 걸맞은 삶을 살아야 합니다. 실패와 상처,

절망과 고통으로 얼룩진 과거의 모습을 내려놓아야 합니다. 부정적인 과거를 들춰내는 것은 악한 마귀의 역사입니다. 마귀는 '너는 예전에 이런 잘못을 저질렀어. 너는 사랑받은 적이 없어'라는 생각을 심어줘서 하나님의 택하심을 받은 자녀라는 사실을 잊게 만듭니다. 그렇기에 우리는 건강한 자화상을 해치는 마귀의 역사를 분별하고 경계해야 합니다.

우리나라가 사회, 경제, 정치적으로 많이 발전했다고 하지만, 아직도 무속인들을 의지하는 사람이 상당히 많습니다. 대한경신연합회, 한국역술인협회에 가입한 무당의 수가 30만 명에 이르고 비회원수점술가 포함까지 합산하면 약 100만 명에 이른다는 기사를 본 적이 있습니다. 이는 개신교의 목사, 전도사의 수를 다 합쳐도 채 20만 명이 되지 않는 점을 고려할 때 놀라운 수치가 아닐 수 없습니다.

이는 세상이 물질적으로는 풍족해졌지만, 마음은 불안한 사람이 더욱 많아지고 있다는 것을 말해 주고 있습니다. 사람들이 앞날에 대한 불안, 걱정, 염려, 두려움으로 요동치는 마음을 무당, 점쟁이의 이야기를 통해 해결하고자 하기 때문입니다.

그런데 무당이 하는 일은 기껏해야 과거를 들춰내는 것뿐입니다. 특히 상처받고 문제가 있었던 어두운 과거를 들춰내어 불안감을 조성하고 자기 말을 믿고 따르게 합니다. 그 결과 사람들을 어두운 영에 사로잡히게 만들어서 지속적으로 자기를 의지하게 하고 돈을 바치게 만드는 것입니다.

반면 성령님은 사람을 살리는 일을 하십니다. 성령님은 결코 사람의 과거를 들춰내어 불안하게 만들거나 부정적인 생각을 심어 주지 않습니다. 성령님은 우리가 하나님의 사랑을 체험하고 하나님의 자녀라는 자화상을 갖도록 도와주십니다.

성공적인 인생을 사는 사람은 어떤 상황에 있든지 건강한 자화상을 잃지 않습니다. 환경에 흔들리지 않습니다. 하나님의 택하심을 받은 자녀로 살며 모든 상황 속에서 하나님을 기쁘시게 하려고 노력합니다. 또한 하나님의 뜻을 이루는 일에 온 힘을 다합니다.

우리는 죄와 허물로 인해 얼룩진 존재였지만, 하나님의 사랑 안에서 선택받은 존재입니다. 위대한 하나님의 사람입니다. 귀한 하나님의 자녀입니다. '하나님이 택하신 자'라는 건강한 자화상을 품을 때 비로소 하나님이 약속하신 축복을 누리며 살 수 있다는 사실을 항상 기억하기 바랍니다.

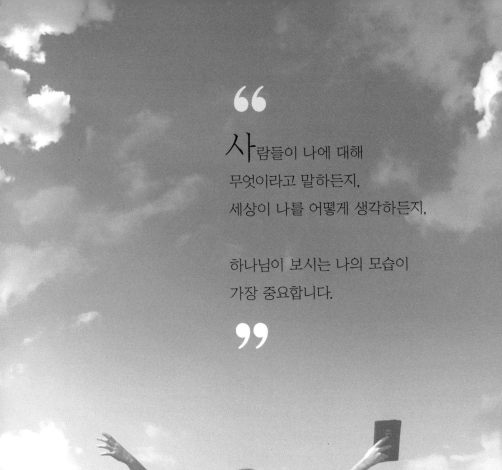

> **66**
>
> **사**람들이 나에 대해
> 무엇이라고 말하든지,
> 세상이 나를 어떻게 생각하든지,
>
> 하나님이 보시는 나의 모습이
> 가장 중요합니다.
>
> **99**

2.
왕 같은 제사장

우리는 '왕 같은 제사장'입니다. 하나님으로부터 왕권을 부여받은 영적 제사장이라는 의미입니다. 왕 같은 제사장의 삶은 다음 두 가지 모습으로 특징지을 수 있습니다.

세상 앞에서는 담대하게

우리는 세상 앞에서 그 누구보다 당당하고 담대해야 합니다. 하나님이 우리에게 세상의 공중권세를 쥐고 있는 마귀를 물리치고 승리할 수 있는 왕의 권세를 주셨기 때문입니다.

"그들로 우리 하나님 앞에서 나라와 제사장들을 삼으셨으니 그들이 땅에서 왕 노릇 하리로다 하더라" _요한계시록 5:10

조선왕조는 500년이 조금 넘는 세월 동안 지속되었습니다. 세계 역사 가운데 이렇게 오래 유지된 왕조는 보기 드뭅니다. 그래서 조선 시대 왕의 권세는 대단했습니다. 왕이 행차하면 모든 백성이 엎드리고 머리조차 들지 못했습니다.

또한 왕은 통치권을 가지고 명령하는 사람입니다. 왕은 "이렇게 해 주실래요?"라고 묻지 않습니다. "이렇게 하라! 저렇게 하라!"고 명령을 내리면 모두가 따르는 것입니다.

우리는 왕 같은 영적 권세를 가지고 이 세상을 다스리며 살아야 합니다. 예를 들어 기도할 때도 왕처럼 명령해야 합니다. "나사렛 예수 그리스도의 이름으로 명하노니 흑암의 권세는 물러가라!", "가난과 저주와 절망은 떠나가라!", "질병은 사라져라!" 왕의 통치권을 행사하는 기도를 해야 합니다.

왕의 자화상을 품고 세상을 향해 당당하게 나아갑시다. 고개를 들고 가슴을 펴고 세상으로 나아갑시다. 그 어떤 어둠의 세력도 우리를 해할 수 없습니다.

하나님 앞에서는 겸손하게

세상에서는 왕과 같은 당당한 모습으로 살아야 하지만, 하나님 앞에는 자신을 낮추고 겸손한 모습으로 나아가야 합니다. 우리는 하나님의 긍휼하심에 기대어 살 수밖에 없는 연약한 존재이기 때문입니다. "하나님, 제가 연약합니다. 부족합니다. 이런저런 죄를 지었습니다. 제가 교만했습니다. 용서하여 주옵소서." 제사장처럼 가장 겸손한 모습으로 하나님 앞에 나아가 모든 죄를 고백하고 용서의 은혜를 구해야 합니다.

구약시대에 제사장은 백성을 대신하여 하나님 앞에 나아가 속죄 제사를 드렸습니다. 당시에는 그 누구도 제사장을 통하지 않고는 하나님 앞에 나아갈 수 없었습니다. 그러나 예수님이 십자가에 못 박혀 돌아가셨을 때 성소와 지성소 사이의 휘장이 위에서부터 아래로 찢어졌습니다마 27:51. 그 결과 누구든지 예수 그리스도의 보혈을 힘입어 하나님 앞에 나아갈 수 있게 되었습니다. 이제는 누구든지 자유롭게 마음껏 하나님을 예배할 수 있습니다.

영적 제사장인 우리가 하나님께 나아갈 때는 하나님을 경외하는 마음을 품어야 합니다. 나 자신이 거룩하신 하나님 앞에서는 한없이 부족하고 연약한 존재라는 사실을 결코 잊어서는 안 됩니다. 나아가 하나님을 경외하는 사람은 우쭐대거나 교만한 모습을 보이지 않습니다. 그렇다고 주눅 들고 비굴한 모습으로 다른 사람의 눈치를 보며 살아야 한다는 의미는 아닙니다. 겸손은 자기의 강점과 한계를 인정하고 부족한 부분에 대해서는 사람들의 말에 귀를 기울일 줄 아는 것입니다.

제가 사랑하고 존경하는 어머니 김선실 목사님은 저의 신앙의 큰 스승이셨습니다. 생전에 어머니는 목회자의 길을 가고 있는 저에게 "목회자는 늘 교만을 경계해야 하고 겸손해야 한다"라고 말씀하셨습니다. 지금도 그 당부의 말씀을 가슴에 새기고 있습니다.

예수님은 하나님의 독생자이시나 하늘 보좌를 버리고 이 땅에 오셔서 낮은 자의 삶을 사셨습니다. 일생을 겸손히 행하시며 낮아짐의 본을 보이셨습니다. 우리도 예수님을 본받아 겸손해야 합니다. 다음과 같이 고백합시다.

"나는 아무것도 아닙니다. 주님만이 나의 모든 것이 되십니다."

3.
거룩한 나라

우리는 '거룩한 나라'입니다. '거룩'은 '분리', '구별'을 의미합니다.

그렇다면 무엇으로부터 분리된다는 것일까요?

하나님 나라의 거룩한 백성으로

거룩한 나라는 하나님이 통치하시는 나라입니다. 거룩은 하나님의 뜻과 반대되는 모든 것과 분리되어 구별된 삶을 사는 것입니다. 예수님을 믿고 난 후 우리는 죄와 분리되고, 옛사람의 모습과 분리되고, 흑암의 세력과 분리되는 삶을 살아야 합니다. 우리의 생각과 마음이 미움, 원망, 불평과 분리되어야 합니다.

우리는 세상에 살고 있으나 세상 사람들과 구별되어야 합니다. 우리는 본질적으로 하나님 나라에 속해 있습니다. 그렇기에 하나님의 통치를 받으며 하나님의 백성으로 살아야 합니다.

한국에 있는 미국대사관이 비록 한국 땅에 있지만, 대사관 관내는 미국의 주권으로 다스려집니다. 마찬가지로 크리스천들은 비록 이 땅에 살고 있지만, 하나님의 통치를 받는 사람들입니다. 우리는 하나님의 통치 안에서만 성공적인 삶을 살 수 있음을 명심해야 합니다.

하나님이 우리를 '거룩한 나라'로 칭하신 것은 우리에게 '거룩'의 옷을 입혀주셨음을 의미합니다. 다른 말로 '성결' 혹은 '경건'이라고 표현하기도 합니다. 즉, 하나님의 거룩한 백성답게 정결하고 경건한 삶을 살라는 것입니다.

"너는 여호와야웨 네 하나님의 성민이라 네 하나님 여호와야웨께서 지상 만민 중에서 너를 자기 기업의 백성으로 택하셨나니"_신명기 7:6

"곧 창세 전에 그리스도 안에서 우리를 택하사 우리로 사랑 안에서 그 앞에 거룩하고 흠이 없게 하시려고"_에베소서 1:4

사실 우리는 죄인이기에 우리 안에서 선한 것이 나올 수 없습니다. '나는 절대 죄를 짓지 않을 거야'라고 아무리 결심해도 인간적인 노력으로 죄짓지 않고 살 수 없습니다. 우리는 알게 모르게 크고 작은 죄를 지으며 살고 있습니다. 내 힘으로 죄성을 이길 수 없습니다. 이는 우리가 성령충만을 받아야 하는 이유이기도 합니다. 성령님의 도우심을 받아야 죄와 싸워 승리할 수 있습니다. 날마다 거룩해지기 위해 몸부림치십시오. 우리의 삶이 어제보다 오늘이, 내일보다 모레가 더 거룩한 삶의 모습으로 변화되기를 바랍니다.

성공의 요인은 다양합니다. 타고난 재능, 재력, 신체적인 능력 등 여러 가지를 들 수 있습니다. 그러나 성공을 위한 가장 중요한 요인은 결국 성품입니다.

"개 꼬리 삼 년 두어도 황모 되지 않는다"라는 우리말 속담이 있습니다. 여기서 황모는 족제비 꼬리털을 의미합니다. 족제비 꼬리털은 좋은 붓을 만드는 데 사용되는 귀하고 비싼 재료였다고 합니다. 그런데 개 꼬리를 오래 소중히 간직한다고 해도 절대 족제비 털로 바뀌지 않습니다. 다시 말해, 본바탕이 좋지 아니한 것은 어떻게 해도 그 본질이 좋아지지 않는다는 것입니다. 이 속담이 사람에게도 적용될 수 있을까요?

흔히 사람은 안 바뀐다고 말합니다. 성격이 급한 사람은 천천히 하라고 해도 급하게 일을 처리합니다. 반면 성격이 느긋한 사람은 빨리하라고 보채도 느긋느긋하게 일을 처리합니다. 타고난 천성이 다르기 때문입니다.

그러나 '성품'은 바꿀 수 있습니다. 성품은 습관이나 행동의 변화를 통해 달라지고 더 나은 방향으로 바뀔 수 있습니다. 만약 나에게 거친 성품이 있다면 온화하고 차분한 성품으로 바꾸기 위해 노력해야 합니다. 물론 하루아침에 갑자기 바뀌지는 않습니다. 대신 날마다 조금씩 좋아져야 합니다. 하루에 화를 열 번 내던 사람이 아홉 번, 여덟 번, 일곱 번 점점 줄여나가다 보면 화를 거의 내지 않는 성품으로 바뀌게 될 것입니다.

우리 가운데 거룩한 성품을 가지고 태어난 사람은 한 사람도 없습니다. 그러나 거룩한 성품으로 나아가려는 의지가 있는 것과 없는 것은 하늘과 땅 차이입니다. 나의 타고난 성품을 하나님의 자녀다운 거룩한 성품으로 바꿔 나가야 합니다. 날마다 조금씩 더 거룩해져야 합니다. 그 과정이 곧 예수 그리스도를 닮아가는 성화의 길입니다.

4.
하나님의 소유된 백성

우리는 '하나님의 소유된 백성'입니다. 하나님이 우리를 소유하셨습니다. 하나님이 우리의 주인이십니다.

"세계가 다 내게 속하였나니 너희가 내 말을 잘 듣고 내 언약을 지키면 너희는 모든 민족 중에서 내 소유가 되겠고"_출애굽기 19:5

평범한 물건도 누가 소유했느냐에 따라 그 가치가 달라집니다. 베토벤Ludwig van Beethoven이 치던 피아노와 일반 사람이 치던 피아노의 가치가 다르고, 피카소Pablo Ruiz Picasso가 사용하던 연필과 일반 사람이 사용하던 연필의 가치가 다른 것처럼 말입니다. 그렇기에 하나님의 소유가 된 우리는 그 무엇과도 비교할 수 없는 귀하고 값진 존재입니다.

하나님을 내 인생의 주인으로

세상은 한 번뿐인 인생을 잘 살기 위해서는 자기 자신을 위해 살아야 한다고 말합니다. 그러나 크리스천은 성공적인 인생을 살기 위해 하나님을 인생의 주인으로 섬겨야 합니다.

하나님을 인생의 주인으로 섬긴다는 것은 우리의 생각과 계획을 내려놓는 것을 의미합니다. 내가 원하는 대로 사는 것이 아니라 하나님이 원하시는 삶을 살아야 합니다. 하나님이 하라는 대로, 즉 하나님 말씀에 순종하여 사는 것입니다. 그렇기에 인생이 우리 뜻과 계획대로 흘러가지 않아도 전혀 문제가 되지 않습니다. 오히려 하나님이 아닌 내가 주인이 되어 내 뜻대로, 내 계획대로 인생을 이끌어 가는 것이 문제입니다.

간혹 교회를 바로 세운다는 명목으로 교회 안에서 당을 짓고 분란을 일으키는 사람들이 있습니다. 그러나 이는 하나님이 함께하시는 사람의 모습이 아닙니다. 하나님을 인생의 주인으로 모시는 사람은 교회의 모든 일을 자기 기준에 따라 옳고 그름을 판단하지 않습니다. 재판장이 되시는 하나님께 모든 판단을 맡기고 늘 교회를 위하여 기도하며 자신에게 맡겨진 일을 묵묵히 감당할 뿐입니다. 성경은 말씀합니다.

"입법자와 재판관은 오직 한 분이시니 능히 구원하기도 하시며 멸하기도 하시느니라 너는 누구이기에 이웃을 판단하느냐"_야고보서 4:12

또한 하나님을 인생의 주인으로 섬긴다는 것은 우리의 모든 염려, 근심, 걱정을 하나님께 맡긴다는 것을 의미합니다. 인생의 짐을 스스로 짊어지려고 하면 안 됩니다. 주인 되시는 주님의 십자가 앞에 다 내려놓아야 합니다.

하나님이 하나님의 뜻을 이루기 위해 어떤 사람을 사용하시겠습니까? 하나님을 인생의 주인으로 삼고 하나님께 모든 것을 맡기고 순종하는 자를 사용하는 것은 당연한 일입니다. 그런 자를 하나님이 세상 가운데 높이 들어 성공적인 인생을 살게 하실 것입니다.

나를 부르신 목적대로

삶의 목적을 모르고 사는 사람은 그저 바람이 부는 대로 물결이 치는 대로 하루하루를 의미 없이 살아갑니다. 그렇기에 성공은 삶의 목적을 명확히 하는 것으로부터 시작됩니다.

우리 인생의 궁극적인 목적은 무엇입니까? 하나님께 감사와 찬송과 영광을 돌리는 것입니다.

"이 백성은 내가 나를 위하여 지었나니 나를 찬송하게 하려 함이니라"_이사야 43:21

하나님이 우리를 창조하신 목적은 우리가 하나님께 영광 돌리는 삶을 살게 하기 위함이었습니다. 하나님은 우리를 위해 천지 만물을 예비하셨고 그 풍요로운 세계 속에서 하나님을 경외하며 행복하게 살도록 계획하셨습니다.

제가 좋아하는 찬송가 중에 이런 가사가 있습니다.
'내 평생 소원 이것뿐 주의 일 하다가
이 세상 이별하는 날 주 앞에 가리라'찬송가 450장

우리는 어디서 무엇을 하든 주님의 일을 한다는 마음가짐을 가져야 합니다. 주부는 가정에서, 회사원은 직장에서, 의사는 병원에서, 학생은 학교에서 주어진 일에 온 힘을 다하는 것이 하나님께 영광 돌리는 삶이며, 하나님을 기쁘시게 하는 삶입니다. 예배드리고 기도하며 말씀을 묵상하는 것은 물론이고 각자 삶의 자리에서 맡겨진 일을 잘 감당해야 합니다.

때로는 갑자기 몰아치는 환난으로 인해 하나님이 우리를 부르신 목적을 잠시 잊기도 합니다. 인생의 방향을 잃고 헤매기도 합니다. 그러할 때 지체하지 말고 우리 인생의 주인 되신 하나님 앞으로 나아오십시오. 하나님께 엎드려 도우심을 간구하는 기도를 드리십시오. 하나님이 우리의 기도를 들으시고 다시 사명을 깨닫게 해 주시고 인생의 방향을 가르쳐 주시고 새 힘을 주실 것입니다. 우리의 손을 잡고 그 인생길에 동행해 주실 것입니다.

　각각의 삶의 자리에서 하나님이 부르신 목적대로 하나님을 경외하며 감사드릴 때 하나님이 우리를 통해 놀라운 일들을 이뤄가실 것입니다.

성공을 이끄는 12가지 지혜

분명한 자화상을 가져라

1. 하나님이 택하신 자

/ 하나님이 택하신 하나님의 사람이다

/ 건강한 자화상을 가져라

2. 왕 같은 제사장

/ 세상 앞에서는 담대하게

/ 하나님 앞에서는 겸손하게

3. 거룩한 나라

/ 하나님 나라의 거룩한 백성으로

/ 나의 성품을 거룩한 성품으로

4. 하나님의 소유된 백성

/ 하나님을 내 인생의 주인으로

/ 나를 부르신 목적대로

CHECK LIST 체크 리스트

나는 분명한 자화상을 가진 사람인가요?
아래의 문항을 읽고 나에게 해당하는 것을 체크해 보세요. ☑

① 나는 하나님의 택함을 받았다는 확신이 있는가?

② 나는 세속적인 문화와 분리된 삶을 살고 있는가?

③ 나는 예수님을 믿고 난 후 이전보다 화를 덜 내는가?

④ 나는 내 인생의 주인을 하나님으로 인정하는가?

⑤ 나는 하나님이 부르신 목적을 향해 가고 있는가?

나에게 해당하는 문항은 몇 개인가요? ____ 개

체크하지 못한 문항의 내용을 다시 살펴보고
지금부터라도 실천해 봅시다.

나의 성공 다이어리

나의 성품 가운데
바뀌어야 할 점을
적어 봅시다.

아래 괄호 속에 자기 이름을 넣고
소리 내어 읽어 봅시다.

- (   )은/는 하나님이 택하신 자입니다.
- (   )은/는 왕 같은 제사장입니다.
- (   )은/는 거룩한 나라입니다.
- (   )은/는 하나님의 소유된 백성입니다.

내 이름으로 무엇이든지
내게 구하면 내가 행하리라
너희가 나를 사랑하면
나의 계명을 지키리라

-요한복음 14장 14-15절

기도의 사람이 되라

—

기도의 사람이 되라

성경에 나타난 하나님의 사람들은 모두 기도의 사람이었습니다. 그들은 철저하게 하나님 앞에 엎드려 기도하고 하나님이 주시는 힘을 따라 사명을 감당하는 삶을 살았습니다.

그중 최고의 모범은 단연 예수님이십니다. 예수님은 오늘날 크리스천들이 드리는 새벽 기도, 저녁 기도, 철야 기도, 금식 기도 등 거의 모든 기도에 있어 친히 본을 보여 주셨습니다마 14:23; 막 1:35; 눅 4:1-2, 5:16, 6:12. 그리고 예수님은 이러한 기도를 바탕으로 하나님 아버지가 맡기신 사명을 성공적으로 완수하셨습니다.

우리 또한 하나님이 맡기신 사명을 잘 감당하며 한 번뿐인 인생을 성공적으로 살아가기 위해서는 기도의 사람이 되어야 합니다.

1.
기도는 사명을 이루는 근간이다

하나님은 교회를 "만민이 기도하는 집이라"사 56:7고 말씀하셨습니다. 또한 예수님도 예루살렘에 입성하셔서 성전에서 장사하는 자들을 내어 쫓으시며 이렇게 말씀하셨습니다.

> "이에 가르쳐 이르시되 기록된 바 내 집은 만민이 기도하는 집이라 칭함을 받으리라고 하지 아니하였느냐 너희는 강도의 소굴을 만들었도다 하시매"
> _마가복음 11:17

하나님을 찾는 자들이 하나님께 나아와 예배하고 기도해야 할 자리인 성전이 인간의 온갖 탐욕으로 변질된 것을 보시고 예수님은 그 어느 때보다 크게 분노하셨습니다. 교회는 만민이 하나님 앞에 나아와 기도하는 곳입니다. 나아가 우리 크리스천은 '하나님의 성전'으로 불리는 사람들입니다고전 3:16. 따라서 우리는 기도하는 사람이 되어야 합니다.

기도가 모든 일의 바탕이 되어야 한다

크리스천의 삶이 얼마나 성공적인지는 세상의 기준에 따라 결정되지 않습니다. 그가 얼마나 주님을 따르는 삶을 살았는가에 따라 평가될 것입니다. 그렇다면 우리 주님은 어떤 삶을 사셨습니까? 예수님이 이 땅에 오셔서 하신 사역은 크게 세 가지로 요약될 수 있습니다. 말씀을 가르치신 것교육, 천국 복음을 전파하신 것선교, 그리고 병자들을 고치신 것치유입니다마 4:23, 9:35.

이러한 예수님의 3대 사역은 오늘날 모든 교회가 감당해야 할 사명이자 우리 크리스천이 따라야 할 삶의 모습입니다. 우리는 어느 곳에 누구와 함께 있든지, 무슨 일을 하든지 복음을 전하고, 말씀이 삶의 기준임을 가르치며, 병들고 연약한 이들을 치료하고 돌봐주어야 합니다.

그런데 이 모든 일에 선행되어야 하는 것이 바로 기도입니다. 예수님 자신이 어떤 일을 하시기 전에 그리고 큰일을 행하신 후에 반드시 기도하셨습니다. 그러므로 우리가 기도하지 않으면서 예수님을 따르는 삶을 살 수 있다고 생각하는 것은 착각입니다.

우리가 주님을 따르는 삶을 살기 위해서는 반드시 기도하는 사람이 되어야 합니다. 기도가 없는 삶에는 하나님의 능력이 나타나지 않습니다. 인간적인 생각과 지혜, 수단을 따라 평생을 헛수고할 뿐입니다. 그러나 기도하는 사람에게는 하나님의 도우심이 있습니다. 하나님의 도우심을 힘입어 의롭고 선한 일들을 지치지 않고 감당할 수 있게 됩니다.

하루 한 시간 기도로 영적인 근육을 만들라

한 설문조사에 의하면 한국 크리스천 중 약 63%가 매일 짧게만 기도하거나 어쩌다 가끔 기도한다고 합니다. 하루 30분 이상 기도한다고 밝힌 성도는 약 15%밖에 되지 않았습니다. 이는 한국 교회의 전반적인 모습입니다. 이처럼 기도의 중요성은 누구나 알고 있지만, 그것을 실제 행동으로 옮기는 사람은 안타깝게도 소수에 불과합니다.

왜 사소한 문제에 감정이 상하고 마음이 낙담하게 될까요? 왜 현실의 문제 앞에 자주 넘어지게 될까요? 이 모든 것이 기도의 부족으로 인해 생겨나는 일입니다. 이 단순한 사실을 깨닫지 못하는 크리스천이 의외로 많은 것 같습니다. 대다수 크리스천이 턱없이 부족한 기도 시간을 갖기 때문에 현실에서 기도의 능력을 체험하지 못하고 있습니다.

식사 기도를 포함해 몇 분도 채 기도하지 않으면서 하루에 필요한 영적인 힘을 얻을 수 있다고 생각하는 것은 어리석은 일입니다. 하나님으로부터 영적인 능력을 공급받아 자신의 사명을 성공적으로 이루고자 하는 크리스천은 하루에 최소 한 시간은 기도해야 합니다.

데이비드 브레이너드David Brainerd 선교사님은 북아메리카의 원주민들에게 복음을 전하다가 29세의 꽃다운 나이에 폐결핵으로 죽었습니다. 생전 그의 사역이 대단했던 것은 아닙니다. 그러나 그는 전적으로 기도에 매진하는 삶을 보여 줌으로써 조나단 에드워즈Jonathan Edwards, 존 웨슬리John Wesley, 윌리엄 캐리William Carey와 같은 신앙의 위인들에게 커다란 영향을 끼쳤습니다. 그는 일기장에 자신의 기도 생활에 관해 다음과 같이 기록했습니다.

'나는 온종일 영혼의 평안을 누리며 지냈다. 특별히 저녁 기도 시

성공에 이르는 12가지 지혜

간에 하나님은 나에게 놀랍도록 새로운 힘을 부어 주셨다. 오! 하나님과의 한 시간의 기도가 이 세상의 모든 쾌락과 기쁨을 능가하고도 남는구나!'

운동선수가 쉬지 않고 꾸준히 운동하여 자기 몸에 근육을 만드는 것처럼, 크리스천들은 지속적인 기도를 통해 영적 근육을 만들어야 합니다. 기도 생활이 습관으로 자리잡힐 때 우리 삶은 놀라울 만큼 변화됩니다. 영적으로 강해지는 것은 물론 쉽게 시험에 빠지지 않고 어떤 상황에서도 하나님만을 전적으로 의지하는 삶을 살게 됩니다. 그 결과 감사와 기쁨이 넘쳐나는 삶을 살게 되는 것입니다.

하나님은 이렇게 기도가 훈련된 사람을 통해 하나님의 역사를 이루십니다. 매일 새벽 4시에 일어나 세 시간씩 기도하고 하루를 시작했던 에드워드 바운즈Edward McKendree Bounds는 이런 말을 남겼습니다.

"오직 기도의 사람 외에는 어떤 사람도 위대하고 영원한 하나님의 일을 감당할 수 없다. 기도에 많은 시간을 들이지 않고는 어떤 사람도 기도의 사람이 될 수 없다."

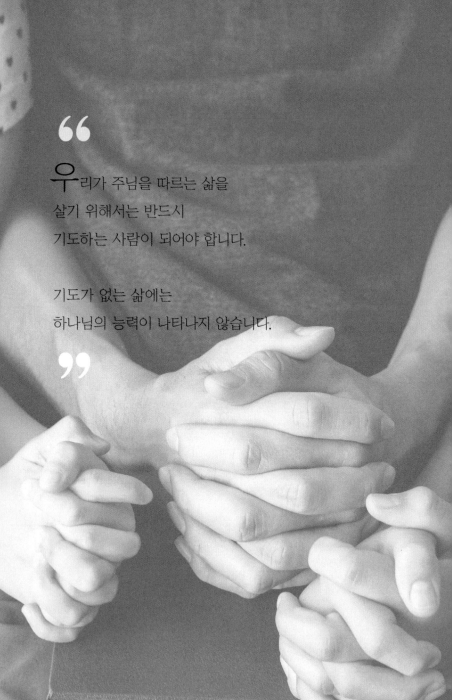

> **"**
> **우**리가 주님을 따르는 삶을
> 살기 위해서는 반드시
> 기도하는 사람이 되어야 합니다.
>
> 기도가 없는 삶에는
> 하나님의 능력이 나타나지 않습니다.
> **"**

2.
기도는 영혼의 호흡이며 축복의 통로다

인도 캘커타현, 콜카타의 빈민가에서 평생 소외된 사람들을 섬겼던 테레사 수녀는 "기도란 우리의 영혼을 향한 삶의 호흡이다"라고 말하며 기도가 얼마나 중요한지를 강조했습니다.

한편 20세기 미국의 전도자였던 빌리 선데이Billy Sunday는 "만약 당신이 기도에 문외한이라면, 그것은 인간에게 알려진 가장 강력한 힘의 근원에 대해 당신이 문외한이라는 것과 같다"라고 말했습니다.

이처럼 크리스천들에게 있어 기도는 영혼의 호흡이자 축복의 통로입니다. 기도를 떼어놓고는 생명력 넘치는 크리스천의 삶에 대해 말할 수 없습니다.

늘 깨어 기도하라

기도의 사람으로 하나님이 맡기신 사명을 감당했던 사도 바울은 성도들에게 "쉬지 말고 기도하라"^{살전 5:17}고 강조한 바 있습니다. 이 말씀은 24시간을 방에 들어가 기도만 하라는 뜻이 아닙니다. 오히려 모든 일을 할 때 기도하는 마음으로 그 마음이 하나님께 열려 있어서 하나님의 뜻이 무엇인지를 분별하고 그 뜻대로 살아가라는 말씀입니다.

왜 예수님은 전능하신 하나님의 아들이셨음에도 그처럼 간절히 기도하셨을까요? 왜 친히 기도의 모범을 보여 주시며 제자들에게도 기도를 강조하셨을까요? 이는 우리가 이 세상에 발을 딛고 살아가지만, 이 세상에 속한 존재가 아니라 하나님 나라에 속한 존재이기 때문에 하나님과의 소통이 가장 중요한 것임을 가르쳐 주신 것입니다.

우리가 영의 호흡이라고 말할 수 있는 기도를 놓치게 되면, 세상 사람과 다를 바 없는 삶을 살 수밖에 없습니다. 하나님의 뜻을 묻지 않으며 살아가는 사람을 어떻게 그리스도를 따르는 크리스천이라 부를 수 있겠습니까? 그러니 깨어 기도하지 않는 사람은 세상 사람들이 가는 길을 따라갈 수밖에 없습니다. 그러기에 성경은 우리에게 늘 깨어 기도할 것을 강조하고 있는 것입니다.

"모든 기도와 간구를 하되 항상 성령 안에서 기도하고 이를 위하여 깨어 구

하기를 항상 힘쓰며 여러 성도를 위하여 구하라"_에베소서 6:18

기도의 능력을 삶에 풀어 놓아라

기도는 하나님을 향한 일방적인 호소가 아닙니다. 우리가 간구
할 때 하나님이 응답하시고 우리 삶에 상상할 수 없는 놀라운 일을
행하십니다. 기도하지 않고서는 경험할 수 없는 놀라운 능력이 하늘
로부터 우리에게 임하게 되고, 삶의 변화가 다가옵니다. 그러기에 하
나님은 우리에게 부르짖어 간구하라고 말씀하시는 것입니다.

"너는 내게 부르짖으라 내가 네게 응답하겠고 네가 알지 못하는 크고 은밀

한 일을 네게 보이리라"_예레미야 33:3

새벽에 일어나 기도로 하루를 시작하면 하나님이 공급하시는 영
적인 힘이 우리의 하루를 이끌어갑니다. 우리가 낮 동안에도 시시때
때로 짬을 내어 기도하면 하나님은 우리에게 맡겨진 일들을 감당할
수 있게 해 주십니다. 밤에 잠들기 전에도 하루를 마무리하며 하나님
께 감사드리며 기도하기를 바랍니다. 하나님께 기도하면 하늘로부터

임하는 평안 속에서 우리가 잠들게 될 것입니다.

이처럼 기도는 우리가 하나님의 응답과 공급하시는 능력을 경험하게 하며 삶을 변화시키는 힘을 가지고 있습니다. 그러므로 크리스천들은 기도를 통해 하나님과 교통함으로써 기도의 능력을 삶 가운데 체험해야 합니다.

나아가 언제나 기도할 때마다 감사가 넘쳐나야 합니다. 하나님이 자신에게 베푸신 수많은 은혜에 감사하며 살아갈 때 매일의 삶이 기적이며 엄청난 축복 가운데 살아가게 될 것입니다. 그러기에 성경은 늘 기도하여 감사함으로 깨어 있으라고 권면합니다.

"기도를 계속하고 기도에 감사함으로 깨어 있으라"_골로새서 4:2

기도하는 사람들이 있는 곳에는 하나님의 능력이 나타납니다. 기도하는 가정, 기도하는 교회, 기도하는 일터에는 세상의 차원을 넘어서는 놀라운 일들이 일어납니다. 크리스천들은 자신이 서 있는 삶의 자리를 기도의 자리로 만들어 하나님의 살아계심을 드러내고 하나님께 영광을 돌려야 할 것입니다.

3.
구체적으로, 간절히, 끈질기게 기도하라

기도는 할 수 있는 한 많이 할수록 좋습니다. 기도하는 만큼 삶 속에 하나님의 놀라운 역사가 나타납니다. 그런데 많이 기도하는 것 만큼 중요한 것이 바로 어떻게 기도하느냐입니다.

똑같이 기도하는데 시간을 투자해도 어떤 사람은 하나님의 응 답과 능력을 체험하며 삶을 더 풍요롭게 살아가는가 하면, 어떤 사 람은 놀라운 변화를 경험하지 못하는 경우도 있습니다. 우리가 기도 를 통해 확실한 하나님의 응답을 체험하기 위해서 어떻게 기도해야 할까요?

믿음을 가지고 구체적으로 기도하라

기도할 때 우리는 믿음을 가지고 구체적으로 기도해야 합니다. 성경은 "믿음이 없이는 하나님을 기쁘시게 하지 못하나니"히 11:6라고 말씀합니다. 믿음으로 드리지 않는 기도는 하나님의 응답을 기대하기 어렵습니다.

믿음이 없는 기도는 허공의 메아리와 같습니다. 우리가 기도하는 것을 하나님께서 반드시 응답하실 것이고, 우리가 생각하는 것보다 더 놀라운 일들을 행하실 것이라는 믿음을 갖고 기도해야 합니다.

믿음을 가지고 드리는 기도는 구체적이어야 합니다. 물론 전지전능하신 하나님은 우리가 삶에서 당면하는 문제들을 이미 다 알고 계십니다. 그러나 우리는 모든 것을 아시는 하나님께 나아가 우리의 구체적인 필요를 아뢰고 하늘로부터 오는 힘과 능력을 구해야 합니다.

조지 뮬러George Müller 목사님은 평생 5만 번의 기도 응답을 받은 것으로 유명합니다. 과거 유럽이 콜레라로 큰 피해를 입었을 때 목사님은 가장 타격이 심했던 영국 브리스톨 지역에 고아원보육원을 세워 아이들을 돌보았습니다. 그런데 목사님은 고아원을 설립하고 운영하는 동안 사람들에게 손 내밀어 도움을 요청하지 않고 오직 하나님께 기도하고 도움을 요청하겠다고 결심했습니다.

한번은 추운 겨울에 보일러가 갑자기 고장이 나서 아이들이 추위에 떨고 있다는 보고를 받았습니다. 보일러를 수리하는 데는 며칠이 걸려서 아이들은 추위를 피할 방법이 없었습니다. 이때 조지 뮬러 목사님은 따뜻한 바람이 불어오게 해달라고 간절히 하나님께 기도를 드렸습니다. 하나님께 기도드린 후 놀랍게도 찬 바람 대신 며칠간

따뜻한 봄바람이 불어와서 아이들은 보일러가 고쳐질 때까지 어려움 없이 겨울을 보낼 수 있었습니다.

또 어느 날 아침 고아원에 양식이 떨어졌다고 보고가 올라왔습니다. 이때 조지 뮬러 목사님은 고아원에서 함께 일하고 있는 사람들에게 평상시와 다름없이 식사 시간에 종을 치고 아이들을 식당에 모이게 했습니다. 그리고 식탁 위에 빈 접시를 올려놓고 식사 기도를 드렸습니다.

그런데 기도가 끝나자 놀라운 일이 펼쳐졌습니다. 빵을 가득 실은 트럭이 고아원 앞에 도착한 것입니다. 알고 보니 이웃 동네의 빵 공장에 불이 나서 급히 불을 껐는데 그 빵들이 먹을 수는 있으나 연기에 그을려 판매할 수 없어서 모든 빵을 고아원으로 보내온 것입니다.

이렇듯 삶의 구체적인 필요를 주님께 내놓고 기도함으로써 조지 뮬러 목사님은 평생 5만 번 기도의 응답을 받는 놀라운 삶을 살 수 있었습니다.

하나님은 믿음을 가지고 구체적으로 기도하는 우리의 기도에 분명한 응답을 주십니다. 조지 뮬러 목사님과 같은 기도의 사람이 되어 하나님의 공급하심과 능력을 삶에서 체험하기를 바랍니다.

간절히, 끈질기게 기도하라

많은 크리스천이 형식적으로 기도를 드리고 있습니다. 하나님 앞에서 마음을 다하여 간절히 기도하기보다는 겉모양만 갖춘 기도를 드릴 때가 많습니다. 그렇기에 응답을 경험하지 못하는 신앙생활을 하는 것입니다. 성경은 우리가 기도할 때 간절히, 그리고 끈질기게 기도해야 할 것을 가르칩니다.

예수님은 당신의 삶에 주어진 대속의 사명을 이루는 과정에서 간절하고 끈질긴 기도의 본을 보여 주셨습니다. 특별히 겟세마네 동산에서의 기도는 그 사명의 절정인 십자가 죽음을 앞두고 드린 처절한 기도였습니다. 이때 예수님은 얼마나 간절히 기도하셨는지 모세혈관이 터져서 피가 땀방울에 섞여 나와 땅에 떨어졌다고 성경은 기록하고 있습니다.

"예수께서 힘쓰고 애써 더욱 간절히 기도하시니 땀이 땅에 떨어지는 핏방울 같이 되더라"_누가복음 22:44

그리고 누가복음을 보면 한밤중에 찾아온 친구의 비유가 나옵니다눅 11:5-8. 한밤중에 한 친구가 찾아와 문을 두드리며 떡을 빌려달라고 했습니다. 지금은 이미 모두가 잠든 시간이니 어렵다고 대답해도 친구는 간청하기를 멈추지 않았습니다. 결국 집주인은 친구의 끈질긴 요구에 떡을 내어 주었습니다. 예수님은 이 비유를 통해 우리가 간절히, 끈질기게 기도해야 함을 강조하셨습니다. 우리가 기도 응답을 받는 과정이 이와 같습니다. 기도할 때는 하나님의 응답을 받을 때까지 물러서지 않겠다는 마음으로 끈질기게 기도해야 합니다.

찬송가 369장에는 '주께 고함 없는 고로 복을 받지 못하네 사람들이 어찌하여 아뢸 줄을 모를까'라는 가사가 있습니다. 하나님은 우리를 위한 복을 예비하셨습니다. 또한 우리가 그 복을 누리기를 원하십니다. 간절히 기도하여 그 기도 가운데 응답하시는 하나님의 부요하심과 전능하심을 경험하기를 바라십니다. 우리 모두 기도의 사람이 되어서 하나님의 복을 누리는 사람, 나아가 하나님의 복을 나누는 사람이 됩시다.

성공에 이르는 12가지 지혜

기도의 사람이 되라

1. 기도는 사명을 이루는 근간이다

／ 기도가 모든 일의 바탕이 되어야 한다

／ 하루 한 시간 기도로 영적인 근육을 만들라

2. 기도는 영혼의 호흡이며 축복의 통로다

／ 늘 깨어 기도하라

／ 기도의 능력을 삶에 풀어 놓아라

3. 구체적으로, 간절히, 끈질기게 기도하라

／ 믿음을 가지고 구체적으로 기도하라

／ 간절히, 끈질기게 기도하라

CHECK LIST 체크 리스트

나는 기도의 사람인가요?
아래의 문항을 읽고 나에게 해당하는 것을 체크해 보세요. ☑

① 나는 하루에 한 시간 이상 기도하고 있는가?

② 나에게는 꾸준히 기도하는 장소가 있는가?

③ 나는 기도의 능력을 경험하며 살고 있는가?

④ 나는 구체적인 기도 제목을 갖고 기도하는가?

⑤ 나는 기도할 때 간절히, 끈질기게 기도하는가?

나에게 해당하는 문항은 몇 개인가요? ＿＿ 개

체크하지 못한 문항의 내용을 다시 살펴보고
지금부터라도 실천해 봅시다.

나의 성공 다이어리

지금 내가 기도하고 있는 기도 제목을 적어 봅시다.

아침과 저녁 중 언제를 기도 시간으로 정하면 좋을까요? 나의 일상을 돌아보고 기도 계획을 세워 봅시다.

세월을 아끼라 때가 악하니라

-에베소서 5장 16절

시간의 관리자가 되라

—

8

시간의 관리자가 되라

이 세상 모든 사람에게 매일 하루 24시간이 주어집니다. 그러나 그 24시간을 어떻게 관리하는가는 모두가 다릅니다. 똑같이 24시간을 살아도 '시간을 보내는 것'과 '시간을 잘 사용하는 것'은 별개의 문제입니다.

만일 24시간을 30시간으로 늘려 인생의 시간을 쓸 수 있다면 어떨까요? 그 비결을 여기서 나누고자 합니다.

1.
우선순위를 정하라

주어진 시간을 아껴 지혜롭게 사용하는 첫 번째 방법은 바로 해야 할 일의 우선순위를 정하는 것입니다. 우리는 '나에게 제일 중요한 일이 무엇인가?', '내가 가장 먼저 해야 할 것이 무엇인가?'를 스스로 묻고 그 답을 찾아야 합니다.

사도 바울은 복음 전하는 일이야말로 자신에게 가장 중요한 일임을 깨닫고 이를 최우선으로 생각했습니다.

"내가 달려갈 길과 주 예수께 받은 사명 곧 하나님의 은혜의 복음을 증언하는 일을 마치려 함에는 나의 생명조차 조금도 귀한 것으로 여기지 아니하노라" _사도행전 20:24

이 세상에는 참 할 일이 많고 중요하게 보이는 일도 많습니다. 그러나 그럴수록 우리는 진정으로 가장 중요한 것이 무엇인지, 가장 먼저 시간을 투자해야 하는 일이 무엇인지를 분별하고 그것에 집중해야 합니다.

메모하는 습관을 기르라

해야 할 많은 일 가운데 우선순위를 매길 때 메모하는 습관은 큰 도움이 됩니다. 사람은 망각하는 존재이기에 꼭 기억해야 할 것도 금방 잊어버리곤 합니다. 그러기에 먼저 해야 할 일과 나중에 해야 할 일을 항상 메모하고 잊지 않도록 해야 합니다.

세계적인 리더들을 만나보면 그들이 어떤 분야에서 있든지 대부분 메모하는 습관을 지닌 것을 보게 됩니다. 이들은 그날 해야 할 일들을 점검하면서 그와 관련된 아이디어가 떠오를 때마다, 혹은 책을 읽거나 대화하다가 좋은 아이디어를 얻게 되면 즉시 메모해 둡니다. 찰나에 스쳐 지나가는 번뜩이는 아이디어까지 놓치지 않고 메모한 후에 다시 검토하고는 합니다.

크리스천들도 이처럼 수시로 기록하는 습관을 갖는 것이 매우 유익합니다. 특별히 말씀을 읽고 기도하다 보면 하나님이 어느 때든 지혜로운 생각이나 영감을 주시는데, 만일 이러한 것들을 기록해 두지 않아 잊어버린다면 낭패일 것입니다. 수첩이든 스마트폰이든 항시 메모하는 습관을 갖는 사람이 하루 24시간을 효율적으로 살아갈 수 있습니다.

급한 일이 아니라 중요한 일 먼저

24시간을 잘 살기 위해 가져야 할 또 다른 자세는 '급한 일'이 아니라 '중요한 일'을 먼저 하는 것입니다.

현대인들은 집이나 일터에서나 눈에 보이는 일만 해도 24시간이 부족할 정도로 바쁜 일상을 살아갑니다. 가정에서든 직장에서든 처리해야 할 수많은 일이 기다리고 있습니다.

상황이 그러다 보니 정작 중요한 일은 계속 뒤로 미루면서 당장 급하다고 생각되는 일을 먼저 처리하게 됩니다. 그러면 금세 하루가 지나가 버리고 맙니다. 하지만 아무리 바쁘게 움직여도 본질적인 것을 놓치게 되면 방향성을 잃은 채 그저 열심히 사는 것에 불과합니다. 의미 있게 살기 위해서는 내 인생을 위해 가장 중요한 일을 먼저 해야 합니다.

무엇보다 크리스천에게 가장 중요한 일은 하나님의 말씀을 읽고 기도하는 것입니다. 이를 통해 우리를 향한 주님의 뜻을 깨닫게 되고 그 일을 추진할 수 있게 되기 때문입니다. 만약 말씀 묵상과 기도를 미루고 다른 급한 일만 한다면, 많은 일을 한 것 같으나 정작 중요한

"

주어진 시간을 아껴
지혜롭게 사용하는 방법은
바로 해야 할 일의
우선순위를 정하는 것입니다.

'급한 일'이 아니라
'중요한 일'을 먼저 하는 것입니다.

"

일을 소홀히 한 채 그저 바쁜 하루를 보낸 것이 됩니다.

오늘 우리가 보기에 급한 일은 무엇인가요? 그 일이 정말 우리에게 중요한 일일까요? 그렇다면 우리에게 가장 중요한 일은 무엇일까요? 그 무엇보다 말씀과 기도를 우리의 일과 중에 최우선 순위에 두고 살아가야 합니다.

2.
새벽형 인간이 되라

"내 영광아 깰지어다 비파야, 수금아, 깰지어다 내가 새벽을 깨우리로다"
_시편 57:8

"내가 날이 밝기 전에 부르짖으며 주의 말씀을 바랐사오며"_시편 119:147

새벽을 깨워 하나님께 찬송과 감사를 드리고, 기도하는 가운데 주님의 음성 듣기를 사모했던 다윗의 고백입니다.

복음서를 보면 예수님도 아직 동이 트기 전 새벽에 한적한 곳을 찾아 기도하셨다고 기록되어 있습니다.

> "새벽 아직도 밝기 전에 예수께서 일어나 나가 한적한 곳으로 가사 거기서
> 기도하시더니" _마가복음 1:35

크리스천들이 체질을 새벽형으로 만드는 것은 신앙생활에 큰 유익이 있습니다. 새벽은 영적으로 하나님과 깊이 교제할 수 있는 시간입니다. 조용한 가운데 말씀을 깊이 묵상할 수 있고, 맑은 정신으로 기도할 수 있는 때가 새벽입니다. 이러한 새벽형 생활 방식은 세계를 이끌어 가는 사람들의 공통적 특징이기도 합니다.

새벽 시간을 활용하는 사람들

세계 커피 시장을 제패하고 있는 스타벅스의 CEO 하워드 슐츠Howard Schultz는 본래 화장품 외판원이었습니다. 성실히 자기 일에 매진했던 그는 부사장 직급까지 올라갔으나 새로운 꿈을 꾸는 것을 멈추지 않았습니다. 한번은 그가 이탈리아에 출장을 갔는데 곳곳마다 커피 전문점이 있는 것을 발견하고 '미국에도 이러한 커피 전문점을 만들어야겠다'라는 생각을 하게 되었습니다. 그렇게

탄생한 것이 세계적인 커피 전문점인 스타벅스입니다.

스타벅스는 미국뿐 아니라 세계 곳곳에서, 우리 한국에서도 큰 성공을 거두었습니다. 코로나19로 인한 경제 위기 속에서도 매년 꾸준히 매출 성장세를 보이면서 부동의 업계 1위 자리를 이어가고 있습니다. 그런데 스타벅스의 최고경영자 하워드 슐츠가 바로 대표적인 새벽형 인간입니다. 그는 매일 새벽 4시 30분에 하루를 시작한다고 합니다. 새벽 시간에 회사를 어떻게 경영할지를 미리 머릿속에 그려보며 하루를 시작합니다.

미국의 자동차 제조사이면서 세계적인 다국적 기업인 제너럴 모터스의 CEO인 메리 배라Mary T. Barra는 2022년 포브스가 선정한 세계에서 가장 영향력 있는 여성 100인 중 한 사람입니다. 그런 그녀 역시 새벽형 인간으로 일찍 기상하여 새벽 6시면 이미 사무실에 출근해서 하루를 시작하는 것으로 잘 알려져 있습니다.

20만이 넘는 팔로워가 있는 유튜버 김유진 변호사도 새벽형 리더로 주목받고 있습니다. 『나의 하루는 4시 30분에 시작된다』라는 그녀의 책은 수많은 젊은이에게 꿈과 희망을 선물로 주었습니다.

이처럼 세계를 이끌어가는 성공적인 리더들은 새벽부터 일어나 그 시간을 잘 활용하고 있습니다. 남들보다 일찍 일어나 활용하는 새벽 시간의 중요성을 알기 때문입니다.

24시간을 30시간처럼 활용하는 비결

우리에게 맡겨진 여러 가지 역할과 책임을 감당하다 보면 하루 24시간이 부족하게 느껴집니다. 실제로 식사 시간과 수면 시간, 여가 등을 **빼면** 우리가 다른 의미 있는 일을 위해 활용할 수 있는 시간이 넉넉하지 않습니다. 그러므로 중요한 것은 같은 시간을 효율적으로 사용해야 한다는 데 있습니다.

시간을 더 효율적으로 사용하기 위해선 새벽 시간을 활용해야 합니다. 사람의 뇌세포는 이른 아침에 활성화되는데, 만약 새벽에 한 시간을 제대로 활용한다면 이는 낮에 세 시간을 투자하여 같은 일을 하는 것과 비슷한 결과가 나온다고 합니다. 그러니까 새벽 한 시간이 낮의 세 시간과 같다는 것입니다.

우리가 평상시 일어나는 기상 시간보다 두 시간을 일찍 일어나 새벽 시간을 활용하면 어떻게 될까요? 그러면 우리는 누구에게나 똑같이 주어진 24시간을 마치 30시간을 사는 것처럼 사용하게 될 것입니다.

그렇게 하루하루를 살면서 한 달을 지내고, 일 년을 지내고, 십년을 지내고, 평생을 지내게 된다면 그 나중은 어떻겠습니까? 우리는 분명 다른 사람들보다 훨씬 앞서가고 성공적인 인생을 살게 될 것입니다.

성공적인 삶을 살아가는 세상 사람들도 새벽 시간에 감추어진 성공의 비결을 알고 이를 활용하는데, 하물며 우리 크리스천은 어떻게 살아가야 하겠습니까? 새벽에 일어나 우리에게 주어진 하루의 첫시간을 먼저 하나님께 드려야 합니다. 말씀을 묵상하고 하나님께 기도하고 하루를 시작함으로써 하나님이 주신 하루를 더 생산적이고 창조적으로 살아갈 수 있게 될 것입니다.

새벽형 인간으로 살아갈 때 우리에게 주어진 24시간을 30시간처럼 사용할 수 있게 될 것입니다. 나아가 규칙적이고 체계적인 삶을 통해 우리는 더 건강해지고, 더 부유해지며, 선하고 복된 일들을 더 많이 성취할 수 있게 될 것입니다.

3.
집중해야 할 것에 집중하라

성공에 이르는 핵심적인 비결 중 하나는 집중해야 하는 최우선의 일에 집중하는 것입니다. 우리 속담에 "우물을 파도 한 우물을 파라"는 말이 있습니다. 한 우물을 파야 깊이 팔 수 있습니다. 그래야 땅속 깊은 곳에 있는 물을 끌어 올릴 수 있습니다. 마찬가지로 이것저것 여러 일을 동시에 진행하는 것보다 자신의 재능과 시간을 한 분야에 몰입할 때 효과적으로 일을 성취할 수 있습니다.

많은 일을 하는 건 아무 일도 제대로 안 하는 것이다

세상 사람들은 각자 다양한 일을 하고 있습니다. 일의 분야도 다양하고, 그 안에서의 직종도 다양하고, 같은 직종이라도 처리해야 할 업무가 다양합니다. 나아가 세상에는 볼거리와 놀거리도 넘쳐납니다. 마음만 먹는다면 누리고 경험할 수 있는 일들이 산적해 있습니다. 또한 다양한 경험이 우리의 삶을 더욱 다채롭고 풍요롭게 만들 수 있을 것입니다. 그러나 여러 일을 하느라 정작 중요한 일에 집중하지 못하고 있다면 이는 시간을 허비하고 있는 것입니다.

여러 가지 일을 한꺼번에 처리하는 것을 '멀티태스킹multitasking' 이라고 부릅니다. 보통 사람은 한 가지 일이라도 완벽하게 처리하기가 버거울 수 있는데, 여러 가지 일을 한꺼번에 한다고 하면 굉장한 능력자처럼 보이기도 합니다. 멀티태스킹 하는 사람도 스스로 많은 일을 하고 있다고 착각할 수 있습니다. 그러나 전문가들은 멀티태스킹은 그저 앞으로 갔다가 뒤로 갔다가 하는 일을 반복하는 것처럼 비효율적인 방식이라고 말합니다. 즉, 많은 일을 한꺼번에 하는 건 실제로는 가장 중요한 일을 제대로 하지 못하고 있는 것과 같다는 것입니다.

하나의 중요한 과업에 집중하라

업무를 하는 중에 "아, 저것부터 먼저 해야 하는데…"라고 말하는 사람들이 있습니다. 이런 사람은 자기 몸은 '이것'을 하고 있는데 마음은 '저것'에 가 있는 것입니다. 그러다 보면 결국 이것저것 둘 다를 제대로 하지 못하게 됩니다.

'OHIO'라는 영어 표현이 있습니다. 이는 '먼저 손에 들어온 한 가지 일을 즉시 처리하라Only Handle It Once'는 말의 약어입니다. 시간을 잘 관리하여 인생을 성공적으로 이끌기 위해서는 한 가지 일에 집중할 수 있어야 합니다.

이를 위해서는 먼저 자신이 무엇에 소질이 있고 무엇을 할 때 기쁨을 느끼는지를 찾아내야 합니다. 내가 기꺼이 온 힘을 다 할 수 있는 일, 누구보다 잘 할 수 있는 일을 찾아내서 이에 집중하는 사람이 시간을 효율적으로 사용할 수 있습니다.

현대 경영학의 창시자로 여겨지는 피터 드러커Peter Ferdinand Drucker는 그의 책 『자기경영노트』에서 '집중'을 강조했습니다. 그는 집중이 성공하는 사람들이 갖춰야 할 태도라고 말합니다. 아무리 다양한 능력이 있어도 '선택'과 '집중' 없이는 성공하지 못한다는 것입니다. 우리의 힘과 시간은 한정되어 있습니다. 그렇기에 우리는 가장 중요한 한 가지 과업에 집중해야 합니다.

어떤 사람은 요리를 잘하고, 어떤 사람은 미술에 소질이 있고, 또 어떤 사람은 음악에 재능이 있을 수 있습니다. 그런데 가령 음악을 잘하는 사람이 미술도 하고 요리도 하면서 여기저기를 기웃거린다면 정작 음악에 쏟아야 할 시간을 낭비하게 될 것입니다. 그러면 결국 자기 분야에서 탁월함을 드러내기가 어려워지게 됩니다.

세계 모자 시장의 80%를 점유하고 있는 회사가 한국의 영안모자입니다. 독실한 크리스천이기도 한 영안모자의 백성학 회장의 성공 비결은 간단합니다. 오로지 모자에 집중한 것입니다. 이것저것을 모두 하려고 한 게 아니라, 가장 좋은 모자를 만드는 데만 몰두하여 그것으로 세계 시장을 석권한 것입니다.

김동수 장로님이 이끌어온 한국도자기도 마찬가지입니다. 세계적으로 인정받고 있는 한국도자기는 대표적인 크리스천 기업입니다. 2010년에는 세계 유수한 도자기 회사를 물리치고 영국 엘리자베스 2세Elizabeth II 여왕의 즉위 60주년 기념 도자기 제작사로 선택되기도 했습니다. 한국도자기가 세계적인 명품으로 우뚝 서게 된 비결 역시 한 가지 일, 즉 최고로 품질 좋은 도자기를 만드는 일에만 집중했기 때문입니다.

이처럼 어떤 분야든, 어떤 직종이든 가장 중요한 한 가지 일에 집중할 때 시간을 가장 효율적으로 사용하며 탁월함을 발휘할 수 있습니다. 코로나19가 한창이던 시기에도 가장 맛있는 한 가지 메뉴를 내놓는 식당들은 건재했습니다.

크리스천들은 세상 사람들보다 더욱 시간을 소중히 여기며 이를 잘 활용하여 하나님께 영광을 돌릴 수 있어야 합니다. 하나님이 우리에게 맡겨주신 시간이기 때문입니다. 사도 바울은 자신이 목숨을 바쳐 달려가야 할 사명의 길을 분명히 알고 이에 집중했습니다. 그 사명을 이루는 일에 자신의 모든 것을 쏟아부었습니다. 우리도 하나님이 주신 재능을 따라 중요한 한 가지 과업에 집중하여 성공적인 인생을 만드는 크리스천들이 되어야 합니다.

성공애 이르는 12가지 지혜

시간의 관리자가 되라

1. 우선순위를 정하라

/ 메모하는 습관을 기르라

/ 급한 일이 아니라 중요한 일 먼저

2. 새벽형 인간이 되라

/ 새벽 시간을 활용하는 사람들

/ 24시간을 30시간처럼 활용하는 비결

3. 집중해야 할 것에 집중하라

/ 많은 일을 하는 건 아무 일도 제대로 안 하는 것이다

/ 하나의 중요한 과업에 집중하라

CHECK LIST 체크 리스트

나는 시간을 잘 관리하고 있나요?
아래의 문항을 읽고 나에게 해당하는 것을 체크해 보세요. ☑

① 나는 하루를 시작할 때 우선적으로 해야 할 일을 정해 두는가? ☐

② 나는 메모하는 습관을 갖고 있는가? ☐

③ 나는 급한 일보다 중요한 일을 먼저 하는가? ☐

④ 나는 새벽형 인간인가? ☐

⑤ 나는 많은 일이 아닌 한 가지 일에 집중하는가? ☐

나에게 해당하는 문항은 몇 개인가요? ____ 개

체크하지 못한 문항의 내용을 다시 살펴보고
지금부터라도 실천해 봅시다.

나의 성공 다이어리

하루를 시작할 때 가장 먼저 하는 일은 무엇인지 적어 봅시다.

오늘 내가 해야 할 일들을 적어 보고 급한 일과 중요한 일을 나누어 봅시다.

그의 영광의 풍성함을 따라
그의 성령으로 말미암아
너희 속사람을
능력으로 강건하게 하시오며

-에베소서 3장 16절

끝으로 형제들아
무엇에든지 참되며 무엇에든지 경건하며
무엇에든지 옳으며 무엇에든지 정결하며
무엇에든지 사랑 받을 만하며
무엇에든지 칭찬 받을 만하며
무슨 덕이 있든지 무슨 기림이 있든지
이것들을 생각하라

-빌립보서 4장 8절

9

성공의 지혜

자기를 계발하라

—

9

자기를 계발하라

사람은 태어나면서부터 신체적으로, 정신적으로 성장하게 됩니다. 갓 태어난 아기의 성장은 전적으로 부모나 어른들에 의해 좌우됩니다. 어린아이들의 성장도 주로 부모나 선생님, 그리고 학교나 사회적 환경에 영향을 받게 됩니다. 그러나 점점 나이가 들어감에 따라 우리의 신체적, 정신적 발달은 다른 사람이나 외적 요인에 의해 수동적으로 이루어지는 것이 아니라 자신의 능동적인 노력을 통해 이루어지게 됩니다. 인간은 자기 발전을 위해 노력하지 않을 때 모든 면에서 뒤처질 수밖에 없는 존재입니다.

크리스천 역시 주 안에서 꾸준히 자기 자신을 계발해 나아가야 합니다. 주님은 "하늘에 계신 너희 아버지의 온전하심과 같이 너희도 온전하라"마 5:48고 말씀하셨습니다. 히브리서 기자도 우리에게 그리스도의 도의 초보를 넘어서 완전한 데로 나아가야 한다고 말씀합니다히 6:1-2. 이것이 하나님이 기뻐하시는 크리스천의 영적 성장이요, 성숙입니다.

우리의 성장은 시간이 지난다고 저절로 이루어지는 것이 아닙니다. 편한 현실에 안주하지 말고 목표를 세우고 끊임없이 도전하고 앞으로 나아가야 합니다. 그렇다면 우리는 어떻게 우리 자신을 계발하여 성장해 나갈 수 있을까요?

1.
속사람을 강건케 하라

하나님 안에서 참된 성공을 이루기 위해서는 우리의 속사람, 영에 속한 사람을 강건하게 해야 합니다. 그래야 모든 어려움을 이기고 주님 안에서 우리의 인생을 참된 성공으로 이끌어 갈 수 있습니다.

성령으로 충만해야 속사람이 강건해진다

속사람이 강건해지는 방법은 성령충만을 받는 것입니다.

"그의 영광의 풍성함을 따라 그의 성령으로 말미암아 너희 속사람을 능력
으로 강건하게 하시오며"_에베소서 3:16

속사람은 영의 사람이기 때문에 인간적인 힘과 노력으로는 강건
해질 수 없습니다. 하나님이 성령의 능력을 통해 우리 안의 속 사람
을 강건하게 해 주십니다.

모든 문제가 성령충만하지 않은 데서 시작됩니다. 성령으로 충만
하지 않으니까 매사에 기쁨과 감사가 없고, 부정적인 생각을 하게 됩
니다. 모든 것에 만족하지 못하게 되고 결국 문제에 갇힌 삶을 살게
되는 것입니다.

하지만 성령충만을 받으면 속사람이 강건해지고 어떤 상황에서
도 하나님이 주시는 기쁨과 감사가 넘쳐나게 됩니다. 성령충만한 사
람은 모든 상황을 긍정적으로 바라보고 어려운 문제 앞에서도 좌절
하지 않습니다. 그래서 성경은 우리에게 지속해서 성령으로 충만함

을 받으라고 말씀하고 있는 것입니다.

> "술 취하지 말라 이는 방탕한 것이니 오직 성령으로 충만함을 받으라" _에
> 베소서 5:18

우리가 아무리 과거에 성령충만했어도 지금 성령충만하지 않다면 반드시 재충만, 또 재충만을 받아야 합니다. 지속적인 성령충만을 통해 속사람이 강건해지고, 결국 영적으로 성장할 수 있습니다.

말씀 안에서 새롭게 변화되기를 힘쓰라

성령은 진리의 영이십니다요 14:16-17. 그러므로 성령충만하면 진리의 말씀을 따라 살아가게 됩니다. 성령충만과 말씀충만은 분리될 수 없습니다.

성령충만하다고 말하면서 말씀과 동떨어진 생각과 행동을 한다면 그건 성령충만이 아닙니다. 성령충만은 말씀을 실천하는 삶을 통해 증명되어야 합니다. 날마다 말씀을 묵상하여 하나님이 기뻐하시는 모습대로 살아가는 것이 말씀충만이고 성령충만입니다.

"오직 너희의 심령이 새롭게 되어 하나님을 따라 의와 진리의 거룩함으로 지으심을 받은 새 사람을 입으라" _에베소서 4:23-24

성령충만과 말씀충만은 우리가 평생 하나님 앞에서 바로 서 있기 위해 힘써야 하는 영적인 기본자세입니다.

2.
늘 배우는 자가 되라

하나님은 우리가 하나님을 더 알기를 바라고 모든 면에서 성장하여 선한 일에 열매 맺기를 원하십니다.

"주께 합당하게 행하여 범사에 기쁘시게 하고 모든 선한 일에 열매를 맺게 하시며 하나님을 아는 것에 자라게 하시고" _골로새서 1:10

만약 시간이 지나도 아이가 자라지 않는다면 부모는 크게 걱정할 것입니다. 하나님 아버지도 마찬가지입니다. 우리를 위해 당신의 독생자를 십자가에 내어 주시기까지 하셨는데, 그렇게 구원받은 우리가 영적으로 성장하지 못한다면 하나님의 마음은 어떻겠습니까?

66

우리의 성장은
시간이 지난다고 저절로
이루어지는 것이 아닙니다.

편한 현실에 안주하지 말고
목표를 세우고
끊임없이 도전하고
앞으로 나아가야 합니다.

99

그러므로 우리는 성령으로 충만함을 받고 말씀을 따라 행함으로써 날마다 영적으로 성장해야 합니다.

끊임없이 노력하고 자신을 쇄신하라

누구나 발전하기를 원합니다. 하지만 발전하고 싶은 마음만으로는 부족합니다. 끊임없이 노력하여 자신을 쇄신하는 사람만이 매일매일 더 나은 삶을 살아갈 수 있습니다.

기업도 제품의 품질을 업그레이드하려고 노력합니다. 만약 다른 기업의 제품은 계속 발전하는데 자사 제품만 변화가 없다면 결국 사람들로부터 외면당할 것입니다. 이처럼 우리도 하나님께 쓰임 받을 만한 사람이 되기 위해 자신을 끊임없이 발전시켜야 합니다.

자신을 계발하는 좋은 방법 가운데 하나가 바로 독서입니다. 독서하면 뇌 활동이 활발해지고 사고를 유연하게 하는 능력이 발달합니다. 그래서 독서를 많이 하는 사람은 세상을 살아가는 동안 새로운 지식이나 경험을 잘 담아내고 효과적으로 일들을 처리할 수 있게 됩니다.

하지만 독서가 유익하다고 해서 많은 책을 기계적으로 읽기만 하면 안 됩니다. 시간이 조금 걸려도 좋은 책을 골라 깊이 생각하면서 읽고 삶에 적용하는 것이 중요합니다.

배움을 통해 자신을 다듬어라

이숙영 교수님은 '자기 계발 클리닉' 대표이자 동아대학교에서 심리상담을 가르치는 분입니다. 교수님은 자기가 관심이 있고 배우고 싶은 분야의 책을 매일 30분 이상 읽으라고 권면합니다. 『성공의 길은 내 안에 있다』를 통해 우리가 상상할 수 있는 일은 다 이룰 수 있다고까지 말합니다. 그렇기에 할 수 없다는 고정관념을 버리고 가능성의 한계를 넓히라고 조언합니다.

또한, 문제를 만났을 때는 다른 사람을 탓하느라 시간을 허비하지 말라고 조언합니다. '나는 불행하다. 나는 부모님을 잘못 만나서 제대로 교육도 받지 못했다. 그래서 뭐 하나 내가 하고 싶은 걸 하지 못했다'라며 자격지심에 빠져 부모 탓, 환경 탓, 주변 사람들 탓을 하지 말라는 것입니다. 진정으로 행복해지려면 모든 관심을 자신에게로 돌리고 자신과 씨름하며 어떻게든 해결하려고 노력해야 한다고 말합니다.

이숙영 교수님의 말대로 성공하고 행복할 수 있는 길은 우리 안에 있습니다. 더욱이 예수님을 믿는 사람들 안에는 하나님의 은혜가 있습니다. 내가 좀 부족해도 하나님의 은혜가 있기에 은혜를 붙잡고 도전하고 또 도전하면 성공할 수 있습니다.

성공을 위해서는 기본적으로 하나님의 말씀을 많이 읽어야 합니다. 그러고 나서 도움이 되는 좋은 책들을 읽음으로 자신을 계발하고, 하나님의 은혜를 의지하여 계속 도전하면 반드시 목표한 것을 이루게 될 것입니다.

3.
가장 좋아하고 잘할 수 있는 것을 계발하라

계속해서 자기를 계발해 나아가려면 모든 일을 다 잘하려고 하기보다 자신이 정말 좋아하고 잘할 수 있는 한 분야에 집중해야 합니다. 단점을 고치려고 하기보다 장점을 극대화해야 합니다.

마음 깊은 곳의 소원을 살펴라

특히 부모는 아이의 장점이 무엇인지 파악하여 그것에 도전할 수 있도록 도와줘야 합니다. 그러나 아이가 원하는 것보다 부모가 원하는 걸 강요해서는 안 됩니다. 그것은 아이의 성공이 될 수 없기 때문입니다.

제 친구 중에 첼로에 큰 재능이 있던 친구가 있습니다. 그 친구는 첼로만이 아니라 음악 자체를 좋아했습니다. 그런데 그의 아버지는 "음악은 취미일 뿐이야. 너는 나를 따라서 의사가 되어야 해"라고 아들에게 강요했습니다. 그 친구는 고3 때까지 진로를 고민하다가 결국 아버지의 소원대로 서울대 의대에 들어가 의사가 되었습니다. 하지만 훗날 그 친구를 만났을 때 자신이 음악을 했더라면 정말 행복했을 것 같다고 말하던 것이 기억납니다.

세상의 기준으로 보면 음악가보다 의사가 훨씬 더 성공한 것처럼 보일 수도 있습니다. 하지만 그것을 통해 진정한 행복을 느끼지 못한다면 그것을 결코 성공이라고 할 수 없을 것입니다. 그러므로 부모는 자신이 원하는 바가 아니라 자녀가 진정으로 소원하는 바를 도전할 수 있도록 도와주어야 합니다. 아이가 그림을 그리는 걸 좋아하면 그림을 그리게 해 주고, 춤추는 것을 좋아하면 춤추게 해 주어야 합니다. 마음속 깊은 곳의 소원을 깨닫고 그것에 집중할 때, 그 일을 잘할 수 있고 성공할 수 있고 결국 행복할 수 있습니다.

집중하여 전문가가 되라

매년 서울대 소비트렌드 분석센터에서는 '트렌드 코리아'라는 책을 출간합니다. 올해도 『트렌드 코리아 2023』이 출판되었습니다. 이 책에 보면 '디깅 모멘텀Digging Momentum'이라는 말이 나옵니다. 이 말은 한 분야에 깊이 파고드는 행동을 의미합니다. 요즘은 자신이 좋아하는 분야를 파고, 파고, 또 파고, 끝까지 파고 들어가 행복한 '과몰입'을 즐기는 사람이 늘어나고 있다고 합니다. 성공하기 위해서 이처럼 좋아하는 일에 몰입해야 합니다.

건축디자이너로 활동하고 있는 이재원 작가는 네 살 때 레고를 처음 접한 이후 레고에 푹 빠졌습니다. 초등학생 때는 온종일 레고를 가지고 노느라 방에서 나가지 않은 적도 많았다고 합니다. 그렇게 시간이 날 때마다 취미로 레고를 만들어 페이스북에 올렸는데 한국뿐만 아니라 해외에서도 소문이 났습니다. 그는 자기가 만든 작품을 레고 본사에 출품하여 세계에서 스물한 명밖에 없는 레고 공인 작가 LCP, LEGO Certified Professional로 선정되었습니다. 자기가 좋아하는 일에 몰입하니까 세계적으로 인정받는 사람이 된 것입니다.

하나님은 우리 모두에게 각기 다른 재능을 주셨습니다. 우리가 자신이 가진 재능을 가지고 집중하면 그 분야의 전문가가 될 수 있습니다. 위대한 성공을 이룰 수 있습니다. 사업가가 하나님과 함께 사업을 하면 세계적인 사업가가 되고, 예술가도 하나님과 함께 예술 활동을 하면 세계적인 예술가가 될 수 있습니다.

4.
모든 면에서 성장하라

성경에서 하나님의 백성은 나무로 비유됩니다. 나무가 성장하여 열매를 맺듯이 우리도 성장하여 열매를 맺어야 합니다.

성장에 한계를 두지 말라

"우리가 다 하나님의 아들을 믿는 것과 아는 일에 하나가 되어 온전한 사람을 이루어 그리스도의 장성한 분량이 충만한 데까지 이르리니"_에베소서 4:13

성경은 우리가 그리스도의 장성한 분량이 충만한 데까지 성장해야 한다고 말씀합니다. 이 말씀은 예수님을 닮기 위해 계속해서 노력하고 끊임없이 성장해야 한다는 뜻입니다.

우리는 예수님의 인격을 닮아가야 합니다. 온유하고 겸손하신 예수님의 성품을 닮아가야 합니다. 하나님 말씀의 본질을 깨닫고 해석하시는 예수님의 지성을 닮아가야 합니다. 사랑으로 섬기시는 예수님의 겸손한 모습을 닮아야 합니다. 나아가 귀신을 쫓아내고 병자를 치료하신 예수님의 권능을 닮아가야 합니다. 다시 말해, 우리는 예수님을 닮기 위해 모든 면에서 성장해야 합니다. 성장에 한계를 두지 말기를 바랍니다. 완전하신 예수님을 닮기까지 우리는 무한대로 성장할 수 있습니다.

모든 면에서 인정받는 자가 되라

성경은 우리에게 무슨 일을 하든지 인정받는 사람이 되라고 말씀합니다.

"끝으로 형제들아 무엇에든지 참되며 무엇에든지 경건하며 무엇에든지 옳으며 무엇에든지 정결하며 무엇에든지 사랑 받을 만하며 무엇에든지 칭찬 받을 만하며 무슨 덕이 있든지 무슨 기림이 있든지 이것들을 생각하라"_빌립보서 4:8

인정받는 사람이 되기 위해서는 겉모습만이 아니라 속마음도 하나님이 보시기에 흠이 없는 사람이 되어야 합니다. 마음에 가득한 것이 밖으로 나오기 때문입니다. 일할 때도 선하고 참되고 진실한 자세로 해야 합니다. 그래야 만나는 모든 사람에게 모범을 보이며 선한 영향력을 끼칠 수 있습니다.

조선시대 500년을 이끌어온 문화 중 하나는 선비, 양반 문화입니다. 이 문화가 한국 사회에 미친 영향이 큽니다. 물론 이 문화의 단점도 있지만, 장점은 매사에 함부로 행동하지 않는 성숙한 모습을 중요하게 여겼다는 것입니다.

사도행전에서 나오는 초대교회 성도들은 세상 앞에서 성숙한 모습을 보였습니다. 그래서 세상 사람들이 자신과 다른 그들의 말과 행실을 보고 감동하여 그들을 그리스도인이라고 불렀던 것입니다.

"둘이 교회에 일 년간 모여 있어 큰 무리를 가르쳤고 제자들이 안디옥에서 비로소 그리스도인이라 일컬음을 받게 되었더라"_사도행전 11:26

우리나라도 개화기 초기에 예수님을 믿는 사람은 대부분 사회적으로 존경받았습니다. 존경받는 정치인, 민족운동가, 교육가, 의료인 등 거의 대다수가 기독교인이었습니다. 그들은 정치, 문화, 경제 등 사회 전반에 지대한 영향을 끼쳤습니다. 한국의 근·현대사의 기초를 놓은 종교가 바로 기독교였습니다.

오늘날 안타깝게도 때때로 크리스천들이 사회로부터 비판받기도 합니다. 이제 우리는 달라져야 합니다. 모든 면에서 자기를 계발하고 선을 행함으로 주위 사람들에게 존경받는 사람이 되어야 합니다. 가정에서도, 직장에서도, 사업장에서도 모든 면에서 본이 되고 성숙한 모습을 보여서 세상 사람들에게 선한 영향을 끼쳐야 합니다. 그래야 세상의 빛이 되라는 사명을 감당하며 하나님께 영광을 돌리고 하나님을 기쁘시게 할 수 있습니다.

성공에 이르는 12가지 지혜

자기를 계발하라

1. 속사람을 강건케 하라

/ 성령으로 충만해야 속사람이 강건해진다

/ 말씀 안에서 새롭게 변화되기를 힘쓰라

2. 늘 배우는 자가 되라

/ 끊임없이 노력하고 자신을 쇄신하라

/ 배움을 통해 자신을 다듬어라

3. 가장 좋아하고 잘할 수 있는 것을 계발하라

/ 마음 깊은 곳의 소원을 살펴라

/ 집중하여 전문가가 되라

4. 모든 면에서 성장하라

/ 성장에 한계를 두지 말라

/ 모든 면에서 인정받는 자가 되라

CHECK LIST 체크 리스트

나는 자기 계발을 잘하고 있나요?
아래의 문항을 읽고 나에게 해당하는 것을 체크해 보세요. ☑

① 나의 속사람은 강건한가?

② 나는 무엇이든 끊임없이 배우고자 하는가?

③ 나는 나를 쇄신하기 위해 노력하고 있는가?

④ 나는 내가 좋아하고 잘하는 일에 집중하고 있는가?

⑤ 나는 지적, 정서적, 영적인 면에서 모두 성장하고 있는가?

나에게 해당하는 문항은 몇 개인가요? _____ 개

체크하지 못한 문항의 내용을 다시 살펴보고
지금부터라도 실천해 봅시다.

나의 성공 다이어리

10년 후에 나는 어떤
모습일지 적어 봅시다.

미래의 나에게
짧은 편지를 써 봅시다.

그리하면 모든 지각에 뛰어난
하나님의 평강이
그리스도 예수 안에서
너희 마음과 생각을 지키시리라

-빌립보서 4장 7절

성공의 지혜

삶의 자세를 바꿔라

—

삶의 자세를 바꿔라

미국에서 가장 인기 있는 리더십 전문가로 손꼽히는 존 맥스웰John C. Maxwell의 『태도, 인생의 가치를 바꾸다』에 다음과 같은 말이 있습니다.

"태도는 당신을 성공하게 만들 수도 있고 파멸시킬 수도 있다. 태도는 당신을 날아오르게 하기도 하고 추락하게 만들기도 한다. 긍정적인 태도를 갖춘다고 만사가 즉시 해결되는 것은 아니지만 적어도 부정적인 태도로 임했을 때보다는 더 훌륭하게 해낼 수 있다."

우리가 어떤 삶의 자세를 가지고 있느냐에 따라 성공적인 인생을 살 수도 있고 그렇지 않을 수도 있습니다.

1.
마음의 평안함을 소유하라

우리가 사는 동안 크고 작은 큰 어려움이 찾아옵니다. 그럴 때 마음에 평안함이 있으면 어떤 어려움도 넉넉히 감당할 수 있습니다. 반대로 마음이 불안하면 잘 해결할 수 있는 일도 해결하지 못하고 스스로 무너지게 됩니다. 그렇기에 성공하는 인생을 살기 위해서는 마음의 평안을 잃지 않는 태도가 중요합니다.

깊은 바다는 요동하지 않는다

바람이 불면 바닷가에 물결이 출렁거리고 파도가 몰아칩니다. 그러나 아무리 바람이 불어도 깊은 바닷속은 고요합니다. 우리 마음이 깊은 바다처럼 되어야 합니다. 인생을 살다 보면 온갖 문제의 바람이 불어닥칩니다. 때로는 그 바람이 우리의 인생을 흔들어 놓기도 합니다. 그럴 때 우리의 마음은 바닷가의 파도처럼 요동쳐서는 안 됩니다.

그리스도의 평강이 우리의 마음을 다스리게 하고 깊은 바닷속처럼 평온해야 합니다.

> "그리스도의 평강이 너희 마음을 주장하게 하라 너희는 평강을 위하여 한 몸으로 부르심을 받았나니 너희는 또한 감사하는 자가 되라" _골로새서 3:15

마음을 불안하게 하고 흔드는 것은 마귀가 하는 일입니다. 마귀는 우리를 평안에 거하지 못하게 만듭니다. 그래서 나쁜 일이 생기면 속상한 마음, 미워하는 마음, 답답하고 괴로운 마음을 우리에게 심어 줍니다. 좋은 일이 생겼을 때도 재빨리 다른 부정적인 생각을 심어서 좋은 일을 잊게 하고 마음을 불편하게 만드는 것입니다. 반면 마음의 평안을 주는 것은 성령의 역사입니다. 우리에게 주어진 길은 성령의 역사, 마귀의 역사 두 길입니다. 어떤 길을 선택하느냐는 우리에게 달려있습니다.

요즘 TV나 신문을 보면 안 좋은 소식들이 자주 들립니다. 자연재해, 경제적 불황, 마약의 확산 같은 위기의 바람이 계속 불어오고 있습니다. 그런데 이에 대한 사람들의 반응이 다릅니다. 어떤 사람은 마음의 평안을 잃고 고통 가운데 살고 있는가 하면, 어떤 사람은 같은 상황에서도 주님 안에서 희망을 찾고 마음의 평안을 누리며 살아 갑니다. 하나님의 역사는 그리스도 안에서 마음의 평안을 지키는 사 람들을 통해 나타나는 것입니다.

상황이 힘들고 어려울 때일수록 그리스도의 평강이 우리의 마음 을 다스리게 해야 합니다. "주님, 저의 마음을 다스려주옵소서. 세상 을 보지 않고 주님을 바라보게 하여 주옵소서. 주님만이 저의 소망 이십니다"라고 고백하며 마음의 평안을 지켜야 합니다.

샬롬의 복을 누려라

이스라엘 사람들의 인사말은 '샬롬ﬤﬥ'인데, 평안 또는 평강을 의미합니다. 샬롬은 하나님이 자기 백성에게 베풀어 주시는 가장 중 요한 복입니다. 구약을 보면 제사장들이 이스라엘 백성을 위해 드리 는 축복기도의 핵심이 바로 샬롬입니다.

"여호와야웨는 네게 복을 주시고 너를 지키시기를 원하며 … 여호와야웨 는 그 얼굴을 네게로 향하여 드사 평강 주시기를 원하노라 할지니라 하 라"_민수기 6:24-26

샬롬을 누리라는 말씀은 신약성경에도 이어집니다. 요한복음 20장에서 부활하신 예수님이 제자들에게 나타나셔서 건네신 인사가 "평강이 있을지어다"요 20:21, 즉 '샬롬!'이었습니다. 사도 바울도 에베소에 보내는 편지에서 "하나님 우리 아버지와 주 예수 그리스도로부터 은혜와 평강이 너희에게 있을지어다"엡 1:2라고 인사했습니다.

하나님은 우리가 샬롬의 복을 누리기를 원하십니다. 하나님을 믿는다고 하면서도 아침에는 기분이 좋았다가 오후가 되면 다시 기분이 나빠지고, 이렇게 하루에도 몇 번씩 마음의 상태가 오락가락하는 것은 그 마음에 하나님의 샬롬이 없다는 증거입니다.

하나님께 나아와 샬롬의 복을 구하십시오. 삶의 모든 무거운 짐을 하나님 앞에 내려놓으면 하나님이 우리의 마음을 고통과 불안에서 샬롬으로 이끌어 주실 것입니다.

마음의 평안이 없는 사람은 결코 성공할 수 없습니다. 평안한 마음 밭에 성공의 씨앗이 자라날 수 있습니다.

> 마음의 평안이 없는 사람은
> 결코 성공할 수 없습니다.
>
> 평안한 마음 밭에
> 성공의 씨앗이
> 자라날 수 있습니다.

2.
일에 집중하고 전념하라

마음의 평안을 찾으면 그다음에 해야 할 일은 집중하고 전념하는 것입니다. 우리의 마음과 에너지를 분산시키면 아무것도 이룰 수 없습니다. 무슨 일을 하든지 그 일에 집중하고 마음을 쏟을 때 성공할 수 있습니다.

노력하고 또 노력하라

세계에서 가장 뛰어난 발명가로 꼽히는 토머스 에디슨은 1931년 84세를 일기로 세상을 떠나기 전까지 축음기, 전화 송신기, 인쇄기, 영사기 등을 발명했습니다. 미국 특허청에 무려 1,093개의 특허가 에디슨의 이름으로 등록되어 있고, 비공식적으로는 2,332개의 발명품을 만들었다고 합니다. 사람들은 에디슨을 천재라고 부릅니다. 그러나 그는 천재이기 이전에 자신이 관심을 가진 분야에 집중하고 전념했던 사람입니다.

그는 어린 시절 호기심이 많고 엉뚱한 질문으로 선생님을 당혹스럽게 만드는 아이였습니다. 결국 학교에 입학한 지 3개월 만에 퇴학을 당하고 집에서 어머니에게 교육받았습니다. 그런데 그는 어릴 때부터 혼자 집중하는 시간을 가졌다고 합니다. 온종일 지하 창고에 틀어박혀 무언가를 실험하고 만드는 데 집중했고, 어른이 된 후에도 어떤 일을 시작하든 집요한 끈기로 끝까지 해냈다고 합니다. 그가 전구를 만들기 위해 수천 개의 필라멘트를 시험한 것은 유명한 일화입니다.

에디슨이 남긴 명언 중 하나가 "천재는 99%의 노력과 1% 영감으로 만들어진다"입니다. 창조적인 일을 하는 데 1%의 영감이 중요하지만, 노력이 있어야 영감도 빛을 발할 수 있습니다. 더 나아가 그는 "영감이란 사실 땀 흘리는 노력이다"라고까지 말했습니다. 에디슨이 발명과 관련하여 사용한 노트는 무려 500만 페이지가 넘는다고 합니다. 이는 그가 얼마나 열심히 노력하며 살았는지 보여 주는 단적인 예입니다.

아무리 좋은 다이아몬드도 원석을 갈고 닦는 과정을 거치지 않으면 조금 색다른 돌덩이에 불과합니다. 원석을 갈고 닦는 과정이 지루하다고 중간에 그만두면 다이아몬드로서 가치를 가지지 못합니다. 갈고 닦는 과정을 거쳐야 영롱하게 빛나는 다이아몬드를 얻을 수 있습니다. 이처럼 무슨 일이든지 온 힘을 다해 노력하는 사람만이 빛나는 성공을 얻게 될 것입니다.

성공은 하나의 목표에 집중한 결과이다

더본코리아의 백종원 대표는 TV와 유튜브에서 크게 활약하며 요리사로, 또 외식 경영 전문가로 큰 성공을 거두었습니다. 그의 성공비결은 오직 하나의 목표, 음식을 만드는 일에 집중하는 것이었습니다. 그는 지금도 더 맛있는 음식을 만들기 위해 끊임없이 노력합니다. 음식에 대한 그의 집요함은 일상에서도 나타납니다. 그는 어디서 무엇을 먹든지 항상 음식에 대해 분석하는 습관이 있습니다. 그러다 새로운 맛을 발견하면 신기해하면서 음식점 주인에게 이 음식은 무엇으로 어떻게 만드는지 꼬치꼬치 캐묻습니다. 맛의 비결을 배우는 것입니다. 그리고 그 비결을 응용하여 자기 요리를 더 발전시킵니다.

이처럼 한 가지에 집중할 때 성공합니다. 우리가 이루고자 하는 일이 있다면 그것에 집중해야 합니다. 이것도 하고 싶고 저것도 하고 싶어서 갈팡질팡하면 결국 아무것도 할 수 없습니다. 성공은 우리의 몸과 마음을 특정한 목표에 집중시킨 결과라는 사실을 꼭 기억해야 합니다.

3.
낙천적 자세를 가져라

인생에는 양면이 있습니다. 쓰기도 하고 달기도 한 것이 인생의 맛입니다. 그런데 인생의 즐겁고 좋은 면을 보는 낙천적인 사람이 있는가 하면, 인생의 어두운 면만 보고 슬퍼하고 절망하는 비관적인 사람이 있습니다. 비관적인 사람들은 문제가 생기고 길이 막히면 그대로 포기해 버립니다. 그러나 낙천적인 사람들은 역경에도 굴하지 않고 희망을 꿈꾸며 내일을 향해 나아갑니다. 어떤 사람들을 향해 성공의 문이 열리겠습니까?

실패를 두려워하지 말아라

세계적인 농구 스타 마이클 조던Michael Jordan이 2006년 한 스포츠 브랜드 광고에서 했던 말입니다.

"선수 생활을 하며 9,000개 이상의 슛에 실패했고, 300경기에서 패배했으며 26번의 승부를 결정짓는 슛에 실패했다. 계속 실패하고 실패했다. 이것이 내가 성공한 비결이다."

미국 NBA 역사상 가장 위대한 선수로 평가받고 있는 마이클 조던도 수천 번의 골을 넣지 못했고 수백 번의 경기에서 실패를 경험했습니다. 그러나 그는 실패가 있었기에 성공할 수 있었다고 말합니다.

우리는 인생을 살면서 크고 작은 실패를 경험하게 됩니다. 그러나 실패에 좌절하지 않고, 오히려 실패를 반면교사反面敎師 삼는다면 더 나은 길을 모색할 수 있습니다. 실패는 성공으로 가는 하나의 과정일 뿐입니다.

이스라엘은 본래 '종교의 성지'로 불렸습니다. 그런데 최근 들어서 '신생 벤처 기업의 성지'로 불린다고 합니다. 국토의 70%가 사막인 척박한 나라이지만 벤처 기업들의 눈부신 성장과 더불어 국민 소득이 전 세계 33위까지 오르게 되었습니다.

그 비결은 바로 벤처 기업 활성화에 있습니다. 이스라엘에 가면 정부와 해외투자자가 기금을 만들어서 청년들의 벤처 기업에 자본금을 투자해 준다고 합니다. 제가 이스라엘을 방문했을 때 그 이야기를 듣고 관계자에게 "그렇게 투자받은 벤처 기업의 성공률은 얼마나 됩니까?"라고 물었습니다. 그랬더니 약 20%만 성공하고 나머지는 실패한다고 해서 제가 다시 물었습니다. "그럼, 투자 자금을 다시 회수합니까?" 이때 벤처 기업을 주관하고 있는 관계자가 이렇게 대답했습니다. "아닙니다. 청년들이 벤처 기업을 운영하다가 실패해서 우리의 투자 금액을 다 잃어도 그들에게 책임을 묻지 않습니다. 그것 또한 투자이기 때문입니다."

이스라엘에서는 벤처 사업에 실패하더라도 법적 의무만 성실히 지켰다면 개인에게 아무런 부담도 지우지 않습니다. 우리나라는 한 번만 실패해도 재기가 어려워 다른 길을 찾아야 하지만 이스라엘은 그렇지 않습니다. 이런 이유로 이스라엘의 젊은이들은 실패를 두려워하지 않고 도전할 수 있었고, 그 결과 세계적인 벤처 기업이 많이 생기게 된 것입니다.

실패를 두려워하는 사람은 아무 일도 할 수 없습니다. 실패에 대한 두려움이 도전조차 하지 못하게 만듭니다. 실패를 두려워하지 않고 과감하게 도전할 때 성공할 수 있습니다.

인생을 즐겁게 살아라

인생을 즐겁게, 기쁘게, 행복하게 살아야 합니다. 음식을 먹어도 맛있게 먹고, 일할 때도 기쁨으로 해야 합니다. 아무리 열심히 노력하는 사람일지라도 즐기는 사람을 이길 수 없습니다. 힘든 상황에서도 웃을 수 있는 사람이 성공하는 것입니다.

숙명여대 경영학부 박혜경 교수님은 독실한 크리스천이며 여성으로 한국 최초로 해외에서 경영학 박사 학위를 받은 분입니다. 박교수님은 캠퍼스에서 누구를 만나든지 늘 미소를 띠고 웃는 얼굴로 대했다고 합니다. 동료 교수들은 그녀가 학생들을 가르치는 일뿐 아니라 다른 여러 가지 일로도 스트레스를 많이 받을 텐데 어떻게 항상 웃을 수 있는지 궁금했습니다. 한 동료 교수가 "교수님, 오늘도 무슨 좋은 일이 있나요? 어쩜 이렇게 늘 웃고 지내실 수 있나요?"라고 물었습니다. 그러자 박 교수님은 "언제고 시간 날 때 제 연구실로 오세요"라고 말하며 동료 교수를 자기 연구실로 초대했습니다. 그 동료 교수가 연구실로 찾아오자 박 교수님은 교회를 다녀서 늘 즐겁고 행복하다고 대답했다고 합니다. 하나님의 은혜를 받으니까 삶이 즐겁다는 것입니다.

똑같은 일을 해도 웃으면서 일하는 사람이 있고, 인상을 찌푸리며 일하는 사람이 있습니다. 어떤 사람이 하나님의 은혜 안에 있는 사람이겠습니까? 성경은 이렇게 명령합니다.

"항상 기뻐하라"_데살로니가전서 5:16

성공에 이르는 12가지 지혜

크리스천은 즐거워야 합니다. 아침에 일어나면 오늘도 하나님의 은혜 안에서 좋은 날이 될 것이라고 기대해야 합니다. 웃는 얼굴로 긍정적인 에너지를 전하는 사람이 되기를 결심합시다. 한 번 사는 인생, 하나님이 주신 인생, 즐겁게 살아갑시다.

4.
끝까지 일을 완수하라

성공을 위해서는 타고난 재능도 중요하지만 일을 대하는 열정과 끈기를 갖는 것 역시 중요합니다. 아무리 뛰어난 재능을 가지고 있어도 중간에 포기하면 아무 일도 이룰 수 없습니다. 그래서 성공하기 위해서는 끝까지 일을 완수하는 자세가 필요합니다.

목적을 달성하기까지 중간에 포기하지 말라

성공하는 데 가장 큰 걸림돌은 끈기가 없다는 것입니다. 새해가 시작하면 많은 사람이 목표를 세우고 이를 이루기 위한 세부 계획을 짭니다. 그러나 3일을 못 가서 흐지부지되는 경우가 많습니다. '작심

삼일作心三日'에 그치고 맙니다. 성경 일독을 결심한 성도들 중에 성경을 읽다가 매년 모세오경을 넘어서지 못하고 멈추게 되었다고 이야기하는 것을 들은 적이 있습니다.

소원하는 바를 이룰 때까지 끈기를 갖고 노력하지 않으면 그것은 마음의 소원으로 남을 뿐입니다. 성공과 실패의 갈림길에서 승패를 결정짓는 것은 끈기가 있느냐 없느냐의 차이입니다. 능력이 부족해서 성공하지 못하는 것이 아니라 끈기가 없어서 중간에 포기하기 때문에 성공하지 못하는 것입니다.

매일의 목표를 그날에 완수하라

끈기를 갖는 것은 훈련이 필요합니다. 이를 위해서는 매일 아침 오늘의 목표를 세우고 그날 성취하는 습관을 들여야 합니다.

정해진 날에 숙제를 마치겠다고 목표를 세운 학생은 아무리 졸음이 오더라도 그날에 숙제를 다 끝내고 잠자리에 들어야 합니다. 수업 시간에 졸지 않고 선생님의 말씀을 잘 필기하기로 목표를 세웠다면 졸지 않기 위해 컨디션 관리를 잘하고 수업 시간에 온 힘을 다해

필기해야 합니다. 오늘 일을 내일이나 나중으로 미루면 안 됩니다. 오늘 영어 단어 스무 개를 외우겠다는 목표를 세웠다면 단어 스무 개를 다 외우고 자야 합니다. 그렇지 않고 오늘은 열 개만 외우고, 오늘 외우지 못한 열 개를 합해서 내일 서른 개를 외우겠다고 스스로 타협하면 안 됩니다.

문제의 원인은 나한테 있습니다. 끈기가 약하고 쉽게 포기하는 나 자신을 극복해야 합니다. 합리화하려는 자신을 이겨내야 합니다. '적당히', 혹은 '융통성 있게'라는 말로 포장하지 말아야 합니다. "나는 본래 끈기가 없어"라는 말로 포기하지 말아야 합니다. 작은 목표일지라도 매일 꾸준히 성취하면 어느새 끈기 있는 자로 변화되어 있을 것입니다.

성공은 끝까지 인내하는 자에게 주어지는 선물이다

인생을 살다 보면 인내하고 기다려야 할 때가 있습니다. 그런데 인고의 시간이 길어지고 상황이 원하는 대로 흘러가지 않으면 초조하고 조급해집니다.

성경의 인물들을 보십시오. 아브라함은 하나님으로부터 아들을 주시겠다는 약속을 받은 지 25년 만에 이삭을 낳았습니다. 모세는 이스라엘의 지도자로 쓰임 받기까지 광야에서 40년 동안 연단을 받았습니다. 요셉은 보디발의 집에서 노예로, 억울한 감옥살이로 13년의 세월을 보내고 마침내 애굽의 총리가 되었습니다.

마부위침(磨斧爲針), 도끼를 갈아서 바늘을 만든다는 사자성어가 있습니다. 도끼를 갈아서 바늘을 만드는 일은 쉽지 않습니다. 도끼를 얼마나 갈아야 바늘이 될지도 모릅니다. 그러나 포기하지 않고 끝까지 인내한다면 원하는 바를 이룰 수 있게 됩니다.

성경은 인내하는 자의 결말은 복을 받는 것이라고 말씀합니다. 성공은 끝까지 인내하고 노력하는 자에게 주어지는 선물입니다.

"보라 인내하는 자를 우리가 복되다 하나니 너희가 욥의 인내를 들었고 주께서 주신 결말을 보았거니와 주는 가장 자비하시고 긍휼히 여기시는 이시니라"_야고보서 5:11

때로는 자신이 기울인 노력에 비해 결과가 좋지 않을 수 있습니다. 아무리 노력해도 실패하는 것처럼 느껴질 때도 있습니다. 그

성공에 이르는 12가지 지혜

러나 성공은 끝까지 인내하는 자에게 주어집니다. 실패를 경험한 뒤에도 끝까지 계속 도전하는 사람이 실패로 인해 좌절하고 낙심하여 포기하는 사람보다 성공할 확률이 높은 것은 당연하지 않겠습니까?

5.
용기를 가져라

성공을 확신하며 사는 사람이 얼마나 될까요? 사실 일의 성공은 누구도 장담할 수 없습니다. 미래에 어떤 변수가 있을지, 어떤 상황이 벌어질지 아무도 모르기 때문입니다. 그렇다고 해서 불안해할 필요는 없습니다. 성경은 오히려 마음을 강하게 하고 담대히 하라고 권면합니다.

"내가 네게 명령한 것이 아니냐 강하고 담대하라 두려워하지 말며 놀라지 말라 네가 어디로 가든지 네 하나님 여호와야훼가 너와 함께 하느니라 하시니라" _여호수아 1:9

불안과 두려움을 물리쳐라

세계적인 베스트셀러 작가이자 '일상의 철학자'로 불리는 알랭 드 보통Alain de Botton은 인간의 삶에 나타나는 가장 큰 문제를 불안으로 보았습니다. 그래서 『불안』이라는 책을 썼는데, 여기서 우리가 일상생활 가운데 경험하는 다양한 종류의 불안에 관해 이야기했습니다.

그는 우리가 다른 사람으로부터 사랑받고 인정받고 싶은 데서 불안이 온다고 보았습니다. 내가 좋은 사람이라고 느껴지기 위해 다른 사람이 나를 좋은 사람으로 봐 주기를 원합니다. 그러나 주변에 나를 사랑해 주고 인정해 주는 사람이 없다고 여겨지면 불안을 느끼게 된다는 것입니다. 혹은 남들과 비교하고 남들보다 앞서려는 욕망이 우리를 불안에 몰아넣기도 합니다.

결국 불안은 자신의 삶을 지나치게 타인에게 의존할 때 생기는 것입니다. 부모님께 의존하던 사람은 부모님이 돌아가시면 그때부터 불안에 시달립니다. 돈에 의존하는 사람은 돈이 줄어들면 불안을 느낍니다. 이렇게 의존적인 사람들은 자신을 부족하고 결핍된 존재라고 여기고 다른 사람이나 세상이 그 결핍을 채워줄 수 있다고 생각합니다.

그러나 성공의 기준을 외부에 두는 한 계속 그것에 휘둘릴 수밖에 없습니다. 반면 성공의 기준을 영원하신 하나님께 두면 예기치 못한 시련 앞에서도 불안에 휩싸이지 않게 됩니다. 내가 전적으로 의지해야 할 분은 나를 사랑하시고 나의 전부가 되시는 하나님 한 분뿐이심을 기억하기를 바랍니다.

불안을 주님께 맡겨라

불안은 우리 삶에 큰 영향을 미칩니다. 불안이 분노와 짜증으로 표출될 수도 있고 슬프고 우울한 감정으로 표출되기도 합니다. 또한 다양한 신체 반응을 일으키기도 하는데 불안 때문에 혈액순환 장애, 호흡 장애, 편두통, 체중 변화 등이 일어날 수 있다고 합니다.

우리는 이러한 불안을 물리치기 위해서라도 임마누엘 신앙으로 무장해야 합니다. 사람이나 재물을 의지한다고 해서 불안이 해결되지 않습니다. 하나님께 맡겨야만 해결됩니다. 사람을 의지하면 오히려 문제가 더 커질 수 있습니다. 그러나 하나님을 의지하는 사람은 불안으로부터 자유롭게 되고 평안과 기쁨을 누리게 됩니다.

하나님은 자신을 믿고 의지하는 사람을 지키시고 보호하시며 은혜에 은혜를 더해 주십니다. 성경은 하나님을 의지하는 사람에게 시냇가에 심긴 나무와 같은 복을 주신다고 말씀합니다 렘 17:8. 물가에 심어진 나무는 뿌리가 땅속 물줄기에 닿아 있어서 극심한 가뭄에도 잎이 마르지 않고 풍성한 열매를 맺습니다.

이처럼 하나님만 의지하며 하나님과 함께할 때 우리는 어떤 상황에서도 풍성한 열매를 맺을 수 있습니다. 우리가 불안을 떨쳐내고 마음을 강하게 하고 담대히 할 수 있는 유일한 길은 하나님께 있습니다. 이것이 하나님 안에 있는 사람이 성공할 수밖에 없는 이유입니다. 소리 내어 고백해봅시다.

"나는 주님 안에서 잘될 수밖에 없습니다."

성공해 이르는 12가지 지혜

삶의 자세를 바꿔라

1. 마음의 평안함을 소유하라

  ∕ 깊은 바다는 요동하지 않는다

  ∕ 샬롬의 복을 누려라

2. 일에 집중하고 전념하라

  ∕ 노력하고 또 노력하라

  ∕ 성공은 하나의 목표에 집중한 결과이다

3. 낙천적 자세를 가져라

  ∕ 실패를 두려워하지 말아라

  ∕ 인생을 즐겁게 살아라

4. 끝까지 일을 완수하라

  ∕ 목적을 달성하기까지 중간에 포기하지 말라

  ∕ 매일의 목표를 그날에 완수하라

  ∕ 성공은 끝까지 인내하는 자에게 주어지는 선물이다

5. 용기를 가져라

  ∕ 불안과 두려움을 물리쳐라

  ∕ 불안을 주님께 맡겨라

CHECK LIST 체크 리스트

나의 삶의 자세는 어떤가요?
아래의 문항을 읽고 나에게 해당하는 것을 체크해 보세요. ☑

① 나는 힘든 상황에서도 마음의 평안을 유지하는가?

② 나는 목표했던 한 가지에 집중하고 전념하는가?

③ 나는 즐겁고 행복하게 살고 있는가?

④ 나는 일을 시작하면 포기하지 않고 끝까지 하는가?

⑤ 나는 불안할 때 하나님을 의지하는가?

나에게 해당하는 문항은 몇 개인가요? _____ 개

체크하지 못한 문항의 내용을 다시 살펴보고
지금부터라도 실천해 봅시다.

나의 성공 다이어리

중간에 포기해서
아쉬웠던 일이 있다면
적어 봅시다.

성공하기 위해 내가
바꿔야 할 삶의 자세를
구체적으로 적어
봅시다.

내가 달려갈 길과
주 예수께 받은 사명
곧 하나님의 은혜의 복음을
증언하는 일을 마치려 함에는
나의 생명조차 조금도
귀한 것으로 여기지 아니하노라

-사도행전 20장 24절

사명에 붙들려 살라

—

11

사명에 붙들려 살라

　　자기 인생이 존재하는 이유와 사명을 발견하고, 그 사명을 이루기 위해 온 힘을 다하는 삶을 사는 사람은 가장 행복한 사람입니다. '내가 왜 이 땅에 존재하는가?', '내 인생의 목적은 무엇인가?' 이 질문에 대한 답을 알지 못하는 사람은 인생이라는 광야에서 방황하는 삶을 살아갈 수밖에 없습니다.

　　그러기에 우리는 무엇을 하기에 앞서 내 삶을 향한 하나님의 계획, 하나님이 나에게 주신 사명이 무엇인지를 발견하고 이를 푯대 삼아 인생길을 걸어가야 합니다.

성공에 이르는 12가지 지혜

1.
내게 주어진 사명을 확인하라

성경에 나오는 하나님의 사람들은 모두 하나님 안에서 사명을 발견하고 사명을 따라 살았습니다. 그들은 철저히 하나님의 뜻에 순종하여 하나님이 가라고 하시면 가고, 서라고 하시면 서는 삶을 살았습니다. 하나님 안에서 발견한 가장 가치 있는 일을 위해 자기 생명을 아끼지 않았던 사람들이었습니다. 사도 바울은 다음과 같이 고백했습니다.

"내가 달려갈 길과 주 예수께 받은 사명 곧 하나님의 은혜의 복음을 증언하는 일을 마치려 함에는 나의 생명조차 조금도 귀한 것으로 여기지 아니하노라"_사도행전 20:24

사실 우리의 성정과 신앙의 선조들의 성정이 다르지 않습니다. 그들 역시 인간적으로 연약한 부분이 있었고, 때때로 실수하며 넘어지기도 했습니다. 그런데도 그들의 삶이 우리가 본받을 신앙의 모범이 된 것은 오직 하나님 안에서 발견한 사명을 따라 살았기 때문입니다.

분명한 사명 의식은 삶을 허비하지 않게 한다

크리스천은 왜 사명을 가져야 할까요? 사명을 따르는 삶에 특별한 유익이 있을까요? 분명한 사명 의식은 무엇보다도 우리의 인생을 허비하지 않게 만듭니다. 하나님은 우리에게 많은 선물을 주셨습니다. 인생의 시간, 물질, 관계, 재능, 경험 등 우리가 누리고 있는 것은 다 하나님이 주신 것입니다.

그런데 중요한 것은 하나님이 주신 이 모든 선물을 어떻게, 무엇을 위해 사용하고 있는가입니다. 하나님께 영광을 돌리는 삶을 살기 위해 자기에게 주어진 모든 것을 활용하는 사람이 있습니다. 반면에 방향도, 목적도 없이 시간을 허비하며 사는 사람도 있습니다. 이들의 차이는 바로 사명을 품고 있느냐 아니냐에 따라 결정됩니다.

18세기 위대한 부흥 운동가이자 설교자였으며, 미국의 1차 대각성 운동을 이끌었던 조지 횟필드George Whitefield는 이렇게 말했습니다.

"나는 녹슬어 없어지기보다 닳아 없어지길 원한다."

사명이 없어 제대로 사용되지 못하고 녹슬어가는 인생이 아니라 마치 닳아져 없어지듯이, 사명을 품고 죽는 날까지 하나님을 위해 열정을 불태우며 살겠다는 말입니다. 이 얼마나 멋진 고백입니까. 이처럼 자기 사명을 분명히 깨달은 사람만이 시간과 에너지를 낭비하지 않고 주님을 위해 열정적인 삶을 살 수 있습니다.

하나님은 우리 각 사람에게 달란트를 주셨습니다. 달란트는 고대 사회에서 사용되는 화폐 단위인데, 이 말에서 '재능', '소질' 등을 뜻하는 영어 '탤런트talent'가 유래됐습니다. 우리는 하나님이 나에게 주신 재능이 무엇인지, 내가 무엇에 소질이 있으며 무슨 일을 할 때 기쁨을 느끼는지를 알아야 합니다. 하나님은 우리가 가진 달란트에 따라 사명을 주시기 때문입니다.

크리스천은 자신에게 주어진 달란트를 가지고 하나님께서 맡기신 사명을 감당하기 위해 온 힘을 다해야 합니다. 나아가 다른 사람에게도 그들에게 주어진 사명을 깨닫게 하고 그 사명을 성취할 수 있도록 해야 합니다. 하나님이 그들에게 심어 주신 은사와 재능을 발견할 수 있도록 도와주고, 사명대로 살 수 있도록 그들을 격려하고 이끌어 주어야 합니다.

사명에 붙들린 인생을 만들라

어떤 사람은 인생이란 무엇인가에 붙들려 사는 것이라고 표현했습니다. 10대는 인기에 붙들려 살고, 20대는 사랑에 붙들려 살고, 30대는 일에 붙들려 살고, 40대는 소유에 붙들려 살고, 50대는 권세에 붙들려 살고, 60대는 명예에 붙들려 산다고 했습니다.

사명에 붙들리지 않은 인생은 이처럼 세상 사람들이 추구하는 세상적인 것들에 붙들려 살아갈 수밖에 없습니다. 아무리 교회를 오랫동안 출석한 사람이라 할지라도 사명으로 무장하지 않으면 세상 것에 휩쓸리는 인생을 살 수밖에 없습니다. 사명에 붙들려 있어야 우리에게 주어진 유한한 삶의 시간을 의미 있게 채워나갈 수 있습니다.

캐나다 토론토에는 피플스 처치The Peoples Church라는 교회가 있습니다. 이 교회의 설립자였던 오스왈드 스미스Oswald J. Smith 목사님은 일평생 선교라는 사명에 붙들려 살았던 분이었습니다. 그는 교회의 모든 역량을 선교에 집중시켰습니다. 성도가 5,000명이었을 때 300명의 성도가 선교사로 나갈 정도였습니다. 이는 단일 교회로서는 성도 수에 대비하여 세계에서 가장 많은 선교사를 파송한 것이었습니다.

오스왈드 스미스 목사님은 『구령의 열정』에서 하나님이 쓰시는 사람에 대한 여덟 가지 기준을 다음과 같이 제시했습니다.

첫째, 목적이 하나만 있어 한 가지를 생각하는 사람인가?

둘째, 그 목적을 위해 모든 장애물을 극복할 수 있는 사람인가?

셋째, 온전히 하나님께 맡기는 사람인가?

넷째, 기도의 승리에 체험이 있는 사람인가?

다섯째, 하나님 말씀을 부지런히 공부하는 사람인가?

여섯째, 메시지가 있는 사람인가?

일곱째, 믿음의 결정적 결과를 체험한 사람인가?

여덟째, 성령의 기름 부음을 받은 사람인가?

이런 기준을 모두 충족하는 사람이 바로 사명에 사로잡혀 사는 사람입니다. 사명자는 성령의 기름 부음을 따라 말씀과 기도로 무장하여 믿음의 능력을 체험하고, 주님이 주신 삶의 목적을 향해 달려가는 사람입니다.

그리스도 안에서 부르심을 받은 우리는 이렇게 일평생 사명에 붙들린 인생을 살아가야 합니다. 사명을 따라 사는 인생에 참된 행복과 의미, 그리고 능력이 있습니다.

❝

그리스도 안에서
부르심을 받은 우리는
일평생 사명에 붙들린 인생을
살아가야 합니다.

사명을 따라 사는 인생에
참된 행복과 의미,
그리고 능력이 있습니다.

❞

2.
사명을 완수하기까지 인내하며 믿음으로 전진하라

사도 바울은 오직 그리스도를 존귀하게 해 드리는 것을 삶의 목적으로 삼았습니다. 살든지 죽든지 그의 관심사는 온통 그리스도가 영광을 받으시는 것뿐이었습니다.

> "나의 간절한 기대와 소망을 따라 아무 일에든지 부끄러워하지 아니하고 지금도 전과 같이 온전히 담대하여 살든지 죽든지 내 몸에서 그리스도가 존귀하게 되게 하려 하나니 이는 내게 사는 것이 그리스도니 죽는 것도 유익함이라" _빌립보서 1:20-21

이러한 사도 바울의 고백은 사명을 다 이루기까지 그 어떤 상황에서도 물러서지 않고, 그 무엇도 마다하지 않겠다는 굳은 의지가 담겨 있습니다. 이것이 바로 하나님 앞에서 자신의 사명이 무엇인지를 발견한 사람이 취해야 할 자세입니다. 우리는 하나님이 주신 사명을 완수하는 그날까지 물러서지 말아야 합니다. 인내와 믿음으로 무장하여 끝까지 전진해야 합니다.

역경을 돌파하는 사명자가 되라

이 땅에서 사명을 감당하는 동안 역경을 마주하는 것은 피할 수 없는 일입니다. 마귀는 하나님의 사람들이 사명을 향해 전진하는 것을 어떠한 방법을 써서라도 방해합니다. 하나님의 뜻이 이 땅 가운데 이루어지는 것을 방해하기 위해서입니다. 그러기에 하나님의 사람들은 사명을 향해 가는 길에 수많은 난관을 만날 수밖에 없습니다.

문제는 역경을 만날지라도 그것을 돌파하며 계속 전진할 힘이 있느냐입니다. MIT 교수이자 기업의 리스크 관리 분야에서 세계적인 석학으로 손꼽히는 요시 셰피Yossi Sheffi 교수님은 『무엇이 최고의 기업을 만드는가』에서 변화무쌍한 사회의 역동성과 위기 가운데 기업이 번성하기 위해서는 '회복탄력성'이 필수적이라고 강조한 바 있습니다.

회복탄력성이라는 영어 단어 'resilience'를 번역한 말로 물리학에서 외부 힘으로 변형된 물체가 원래의 상태로 돌아가려는 힘을 의미합니다. 예를 들어 공을 손으로 꾹 눌렀다 뗐을 때 공이 다시 동그란 모양으로 돌아오는 현상은 바로 공이 가진 회복탄력성 때문입니다. 물리학뿐 아니라 사회학이나 심리학에서도 회복탄력성을 이야기합니다. 역경과 고난을 겪은 개인이나 공동체가 이에 좌절하지 않고 다시 회복하는 힘, 나아가 이를 계기로 더 높이 도약하는 힘을 가져야 합니다.

하나님의 사명을 품고 살아가는 사람들에게 필요한 것이 바로 이러한 회복 능력입니다. 역경에 굴하지 않고 다시 일어서서 앞으로 나갈 수 있어야만 하나님의 뜻을 이루는 삶을 살 수 있기 때문입니다.

다윗은 한때 자기를 죽이려는 사울 왕을 피해 블레셋 땅으로 피신했던 적이 있었습니다. 이때 그는 시글락이라는 곳에 거주했는데, 블레셋과 이스라엘의 전쟁이 일어나서 잠시 시글락을 비운 적이 있었습니다. 그런데 그가 다시 돌아왔을 때 시글락은 폐허가 되어있었습니다. 아말렉 족속이 그곳을 급습하여 성읍을 불사르고 다윗과 그를 따르는 사람들의 아내와 자녀들을 납치해 갔습니다.

백성들은 납치된 가족들로 인해 슬픈 마음을 견디지 못하고 다윗을 돌로 치려고까지 했습니다. 하나님의 사람 다윗도 낙담할 수밖에 없는 환경이었습니다. 그런데 성경은 다윗이 그 다급한 상황에 하나님을 의지하여 다시 힘을 얻어 일어났다고 증언합니다.

"백성들이 자녀들 때문에 마음이 슬퍼서 다윗을 돌로 치자 하니 다윗이 크

게 다급하였으나 그의 하나님 여호와아훼를 힘입고 용기를 얻었더라" _사무엘상 30:6

하나님을 믿고, 하나님이 자신에게 주신 사명을 품고 있었던 다윗은 이렇게 크나큰 역경 속에서도 마음의 힘을 회복하여 다시 일어날 수 있었습니다. 그리고 하나님이 주신 용기를 가지고 앞으로 나갔습니다. 그 결과 다윗은 아말렉 족속을 추격하여 빼앗긴 모든 사람과 재물을 되찾을 수 있었습니다.

사명을 품고 나아가는 사람들은 역경이 다가올 때 이를 이상하게 생각하거나 두려워하지 말아야 합니다. 오히려 이러한 것들을 당연하고 자연스러운 것으로 여기며, 하나님의 일이 완성되기까지 당당히 전진할 수 있어야 합니다. 자기를 부르시고 택하신 하나님을 알고 자기 사명을 분명히 아는 것, 그것이 모든 역경을 딛고 일어나 우리를 전진하게 함을 기억해야 합니다.

인내로 사명을 이루라

사명을 끝까지 이루기 위해 우리가 가져야 할 덕목이 있습니다.

인내입니다. 우리가 인내해야 하는 가장 중요한 이유는 사명을 완성하는 주체가 우리가 아닌 하나님이시기 때문입니다.

아무리 절망스러운 상황을 만나더라도 우리는 낙심하지 말고 인내하며 하나님이 우리에게 주신 사명을 이루어 가야 합니다.

성경에 나오는 많은 믿음의 인물의 삶은 한마디로 인내의 삶이었습니다. 아브라함은 하나님이 약속하신 자손을 얻기 위해 25년을 기다렸고, 요셉은 하나님의 꿈이 이루어지기까지 고난의 13년을 견뎌야 했습니다. 모세는 민족을 구원하는 사명을 감당하기 전 40년을 광야에서 보냈고, 그들을 가나안 땅으로 인도하는 과정에서 또다시 40년을 인내해야 했습니다.

신약 시대에 이르러 사도들과 초대교회의 그리스도인들이 보여준 삶도 마찬가지입니다. 그들은 그리스도의 복음을 전하는 사명을 위해 핍박과 고난을 인내하며 살았습니다.

이렇듯 성경은 사명을 위해 인내의 삶을 살았던 사람들의 이야기로 가득합니다. 우리는 그렇게 인내하는 이들의 삶을 통해 하나님 나라가 이루어지고 있음을 깨닫게 됩니다. 우리도 인내하며 우리에게 주신 사명을 감당해 나갈 때 하나님이 우리의 삶을 통해서 하나님의 나라를 이루어 가시는 것을 보게 될 것입니다.

그러므로 현재의 고난이 아니라 고난 너머에 있는 사명을 보고, 그 사명을 주신 하나님을 바라보아야 합니다. 우리의 시선을 하나님께 두면 우리는 어떤 상황도 인내할 수 있습니다. 하나님이 인내를 통해 우리를 더욱더 강하게 만드시고 우리에게 주신 사명을 완성하실 것입니다. 그래서 사도 바울이 환난 중에도 즐거워한다고 고백할수 있었습니다.

"다만 이뿐 아니라 우리가 환난 중에도 즐거워하나니 이는 환난은 인내를, 인내는 연단을, 연단은 소망을 이루는 줄 앎이로다" _로마서 5:3-4

3.
사명을 이루기 위해 열정을 잃지 말라

열정 없는 사명은 엔진이 꺼진 자동차와 같습니다. 자동차는 목적지를 향해 달려가도록 만들어졌는데 엔진이 꺼져있다면 어떻게 그 기능을 수행할 수 있겠습니까? 사명에 있어서 열정이 하는 역할도 마찬가지입니다. 열정은 우리로 하여금 사명을 향해 달려가게 만듭니다. 열정이 없다면 사명은 명목상으로만 존재할 뿐입니다. 그러기에 우리는 참된 열정을 바탕으로 사명을 이루는 삶을 살아야 합니다.

사명이 참된 열정을 일으키고, 열정이 사명을 달성시킨다

사명을 완수하는 데 열정은 필수적이지만, 사실 열정이 사명을 일으키는 것은 아닙니다. 열정 있는 사람이라고 해서 모두 사명을 따라 사는 사람이라고 볼 수 없습니다. 엄밀히 말하면 사명이 참된 열정을 불러일으키고, 그 열정이 사명을 완성합니다.

주님을 만나고 주님 안에서 사명을 발견한 사람은 이전에 없던 열정을 갖게 됩니다. 이는 우리의 의지가 아니라 하나님이 주신 사명이 일으키는 열정입니다.

제아무리 결연한 의지와 불타는 열정을 가진 사람이라도 인생의 수많은 난관과 풀 수 없는 숙제들 앞에서는 마음이 약해지곤 합니다. 답을 알 수 없는 혼돈으로 가득한 이 세상에서 열정을 잃어버리지 않고 사는 비결은 하나님이 주신 사명에 집중하는 것입니다.

순복음의 신앙인들이 세계 그 어떤 크리스천보다 뜨거운 열정으로 신앙생활을 할 수 있는 비결이 여기에 있습니다. 성령의 충만함을 통해 하나님이 우리에게 주시는 사명을 발견하기 때문입니다. 그 사명에서 뜨거운 열정이 우러나오고, 그 열정으로 하나님이 맡기신 일을 향해 달려갈 수 있는 것입니다.

열정은 전염되고 전파된다

하나님을 체험한 사람들을 만나보면 그들에게 하나님을 향한 불타는 열정이 있음을 항상 발견하게 됩니다. 그런데 이 같은 열정은 항상 다른 사람들에게 전염되는 특징이 있습니다.

그러기에 열정으로 무장한 사명자가 있는 곳에는 항상 역동성이 넘칩니다. 가정, 교회, 일터 어느 곳이든 주변 사람들에게 열정을 전염시키기 때문입니다. 구역장이나 셀 리더가 사명에 따른 열정으로 무장하면 공동체의 구성원에게 그 영향이 고스란히 전달됩니다. 하나님의 열정으로 무장한 부모는 자녀에게 그 열정을 전파합니다. 열정을 품고 자기 일을 감당하는 직장인은 동료들의 가슴에까지 열정을 전파하고 감동을 끼칩니다.

건강한 가정, 부흥하는 교회, 역동적인 삶의 현장들은 이처럼 하나님이 주신 사명의 열정으로 불타오르는 사람들에 의해 만들어집니다. 우리 크리스천은 이러한 열정을 갖고, 나아가 열정을 전파하는 사람들이 되어야 합니다. 하나님은 이런 우리의 모습을 통해 다른 사람의 심령에 부흥의 불씨를 지펴 그들 또한 열정적인 사명자로 만드실 것입니다.

사도 바울의 고백이 사명을 완수하기까지 인내하며 열정을 가지고 달려갈 우리 모두의 고백이 되기를 소원합니다.

"푯대를 향하여 그리스도 예수 안에서 하나님이 위에서 부르신 부름의 상을 위하여 달려가노라"_빌립보서 3:14

성공에 이르는 12가지 지혜

사명에 붙들려 살라

1. 내게 주어진 사명을 확인하라

/ 분명한 사명 의식은 삶을 허비하지 않게 한다
/ 사명에 붙들린 인생을 만들라

2. 사명을 완수하기까지 인내하며 믿음으로 전진하라

/ 역경을 돌파하는 사명자가 되라
/ 인내로 사명을 이루라

3. 사명을 이루기 위해 열정을 잃지 말라

/ 사명이 참된 열정을 일으키고, 열정이 사명을 달성시킨다
/ 열정은 전염되고 전파된다

CHECK LIST 체크 리스트

나는 사명에 붙들려 살고 있나요?
아래의 문항을 읽고 나에게 해당하는 것을 체크해 보세요. ☑

① 나는 하나님이 나에게 주신 사명을 알고 있는가?

② 나는 나의 달란트를 잘 활용하고 있는가?

③ 나는 사명을 완수할 때까지 인내할 믿음이 있는가?

④ 나는 회복탄력성을 가진 사람인가?

⑤ 나는 사명을 이루기 위한 열정을 갖고 있는가?

나에게 해당하는 문항은 몇 개인가요? _____ 개

체크하지 못한 문항의 내용을 다시 살펴보고
지금부터라도 실천해 봅시다.

나의 성공 다이어리

하나님이 나에게 주신
사명은 무엇인지
적어 봅시다.

이 사명을 위해 내가
어떤 준비를 해야 하는지
적어 봅시다.

너희가 전에는 어둠이더니
이제는 주 안에서 빛이라
빛의 자녀들처럼 행하라
빛의 열매는 모든 착함과
의로움과 진실함에 있느니라

-에베소서 5장 8-9절

너희 안에 이 마음을 품으라
곧 그리스도 예수의 마음이니

-빌립보서 2장 5절

12

성공의 지혜

존경받는 리더가 되라

—

존경받는 리더가 되라

성경에서 크리스천은 세상의 빛으로 비유됩니다. 크리스천이 가는 곳에서는 어둠이 물러가고 문제가 해결되며 하나님의 은혜가 머무르기에 세상의 빛으로 부르는 것입니다.

우리는 평범한 사람이 아닙니다. 하나님은 우리가 이 세상에서 하나님을 모르는 다른 사람들과 똑같은 삶을 살기 원치 않으십니다. 하나님은 우리가 하나님의 복 받은 자녀로, 세상을 이끌어가는 영적 리더로 살아가길 원하십니다.

최초에 아담과 하와는 하나님의 대리 통치자로서 세상을 다스려 나갈 책임을 부여받았습니다. 예수 그리스도 안에서 하나님의 형상을 회복한 우리 역시 하나님의 전권대사가 되어 이 세상을 다스리고 아름답게 만들어야 할 책임이 있습니다.

1.
리더십은 영향력이다

리더십, 곧 지도력에 관한 책들을 자세히 읽어 보면 한 가지 공통된 내용을 발견하게 됩니다. 그것은 바로 '리더십은 곧 영향력'이라는 말입니다. 따라서 리더란 다른 사람들에게 영향을 끼치는 사람입니다. 좋은 리더는 좋은 영향력을, 나쁜 리더는 나쁜 영향력을 끼칠수밖에 없습니다.

참된 리더의 모범 예수 그리스도

인류 역사상 가장 위대한 리더의 모습을 보여 준 분은 예수님이십니다.

나폴레옹Napoleon Bonapart은 코르시카라는 한 낙후된 섬에서 법률가의 아들로 태어났습니다. 그는 어린 시절 그다지 주목받을만한 인물은 아니었습니다. 그러다가 군인 학교에 들어가면서 재능을 발휘하기 시작했습니다. 특히 그의 뛰어난 군사적 능력은 프랑스 혁명이라는 시대적 변화와 맞물리면서 더욱 두각을 나타냈습니다.

그는 프랑스 혁명으로 탄생한 공화국 정부와 이를 반대하는 연합세력 사이에 벌어진 혁명전쟁을 승리로 이끌었으며, 이를 바탕으로 황제의 자리까지 올랐습니다. 그러나 권력을 향한 그의 야망은 더욱 커졌습니다. 그는 프랑스뿐만 아니라, 온 유럽을 점령하기 위해 계속해서 전쟁을 일으켰습니다. 하지만 영국, 프로이센, 러시아 등의 연합군을 상대로 한 마지막 워털루 전투에서 완전히 패배하였고, 결국 세인트헬레나섬에 유배되어 외롭고 쓸쓸하게 지내다가 생을 마감했습니다.

그는 51세라는 비교적 젊은 나이에 사망했는데, 독서광이었던 그는 인생 말년에 이르러서는 성경을 많이 읽은 것으로 알려져 있습니다. 그는 예수 그리스도의 삶을 통해 자신의 지난날을 되돌아보며, 진정한 영향력은 총과 칼이 아니라 사랑에서 나온다는 사실을 깨달았습니다. 그가 죽기 전에 이 같은 말을 남겼다고 합니다.

"나는 총과 칼, 그리고 대포로 세상을 정복하려고 했으나 실패했다. 그러나 나사렛 예수는 바늘 하나 들지 않고 사랑으로 세상을 정복했다."

　참된 리더는 사람들의 마음으로부터 존경심을 자아냅니다. 힘과 권력이 아닌 사랑과 섬김을 바탕으로 나오는 지도력에 사람들은 진정한 존경과 헌신으로 화답하는 법입니다. 이러한 점에서 크리스천이 참된 지도력의 모범으로 삼아야 하는 분은 예수 그리스도이십니다. 지금도 헤아릴 수 없는 많은 사람이 그분을 향한 사랑과 존경 때문에 그 분의 가르침을 따라 살아가고 있기 때문입니다.

다른 사람의 장점을 격려하여 세우라

　모든 사람에게는 장단점이 있습니다. 자신감이 없고 부정적인 생각을 가진 리더는 다른 사람의 단점을 지적하려고만 하지만, 선한 영향력을 가진 리더는 사람마다 가지고 있는 장점을 발견하고 이를 극대화하는 데 힘을 쏟습니다.

　김인중 목사님은 안산 동산고의 이사장으로서 많은 학생을 만나면서 그들이 가진 장점에 주목했습니다. 김인중 목사님이 쓰신 『안산 동산고 이야기』에 이러한 목사님의 마음이 잘 나타난 글이 있어 소개합니다.

"내성적인 학생은 생각이 진지해서 좋다.

사교적인 학생은 정직하고 과장이 없어서 좋다.

소심한 학생은 실수가 없고 정확해서 좋다.

질투심이 많은 학생은 의욕이 넘쳐서 좋다.

말이 많은 학생은 지루하지 않아서 좋다.

자신감이 없는 학생은 겸손해서 좋다.

직선적인 학생은 속정이 깊어서 좋다."

다른 이에게는 단점으로만 보일 수 있는 성향들이라 할지라도 보는 사람의 생각에 따라 오히려 장점이 될 수 있습니다. 리더는 이렇게 긍정적이고 창조적인 시각을 가져야 합니다. 항상 사람들의 장점을 볼 수 있어야 그들을 격려할 수 있고, 더 나아가 그들이 하나님을 위해 자기가 가진 재능과 역량을 발휘할 수 있도록 만들 수 있습니다.

구성원을 더 나은 사람들로 계발시켜라

이렇듯 리더의 자질은 다른 사람의 능력과 특성을 알아보고 그들이 적재적소適材適所에서 일할 수 있도록 만드는 데서 드러납니다.

좋은 리더는 어떤 사람과 함께 있든지 그 사람의 고유한 실력을 살려 활용하는 사람입니다. 자기 마음에 드는 사람들만 편파적으로 등용하거나 대우하는 사람은 좋은 리더라고 말할 수 없습니다.

우리 사회의 정부, 기업을 포함한 여러 조직을 보면 인사이동을 할 때 꼭 자기 사람들을 데리고 다니는 사람들이 있습니다. 새로 옮겨간 부서에서 새로운 인재를 키우려 하지 않고 당장 자기가 쓰기에 편한 사람들만을 골라 일하는 것입니다.

이러한 리더십은 거래적 리더십, 즉 일종의 '기브 앤 테이크Give and Take'식 리더십입니다. 리더는 자기를 따르는 사람들만 챙기고, 아랫사람들은 그 리더의 곁에 붙어 충성하기만 할 뿐 자기 능력을 계발하지 않습니다. 이러한 관계 속에서 서로가 자신의 이익을 취할 뿐입니다. 이렇게 사람을 편파적으로 대하는 것은 결코 크리스천이 추구해야 할 리더십이 아닙니다.

예수님의 제자들 가운데에는 당시 유대 사회에서 보수적인 경향을 가졌던 사람도 있었고, 진보적 성향을 띠었던 사람도 있었습니다. 그러나 예수님은 그들 모두를 제자로 삼으셔서 하나님 나라의 일꾼으로 세우셨습니다.

이처럼 선한 리더십을 발휘하는 리더는 자기 마음에 드는 사람만 데리고 다니는 사람이 아니라, 자기가 만나는 모든 구성원의 역량을 끌어올려 그들을 이전보다 더 나은 사람으로 세워주는 리더입니다. 이것이 바로 크리스천들이 지향해야 할 리더십입니다.

최신 트렌드를 파악하라

리더는 사회의 트렌드를 파악하고 민감하게 대응할 수 있어야 합니다. 트렌드란 사회 전반에 걸친 사람들의 생활, 문화 등의 변화 동향을 말합니다. 자기가 이끄는 공동체를 둘러싼 환경과 세상의 트렌드를 읽지 못하는 리더는 결코 훌륭한 리더십을 발휘할 수 없습니다.

현대 사회의 트렌드는 너무나 빠르게 바뀌고 있습니다. 요즘은 불과 몇 년 전까지 유행이라고 여겼던 것이 한순간 구식이 되어버립니다. 그만큼 우리는 정보의 습득과 공유가 빠르고, 문화가 수시로 변화하는 시대를 살고 있습니다. 나아가 최근 메타버스를 기반으로 한 가상현실, 인공지능AI, 로봇 산업 등의 최첨단 기술들은 앞으로 인류가 더욱 급변하는 시대 가운데 살아가게 될 것을 예고하고 있습니다.

한국 패션업계를 선도하고 있는 F&F 김창수 회장님은 창업 이후 30여 년 동안 수많은 브랜드를 론칭하고 성장시킨 인물로 유명합니다. 특별히 패딩 패션은 봄, 가을, 겨울 계절을 가리지 않고 사람들의 사랑을 받고 있는데, 우리나라에서뿐만 아니라 전 세계 곳곳에서도 주목받고 있습니다.

김 회장님은 아웃도어 브랜드들이 유독 혹한기에 착용할 수 있는 아이템들에 집착하던 시절, 일상에서도 가볍게 애용할 수 있고, 더 나아가 패션 아이템으로 손색없을 아웃도어룩을 만들어야겠다고 생각했습니다. 그렇게 해서 만들어진 유명 패딩 브랜드는 코로나19의 어려움 속에서도 단연 업계 최고의 자리에 올라가 있습니다.

김 회장님이 창조적인 발상을 가질 수 있던 가장 큰 이유는 우리나라 사람들의 트렌드를 민감하게 살피고 파악하여 대처하려는 노력 때문이었습니다. 그러한 태도 덕분에 그는 청계산과 북한산을 즐겨 찾고, 계절에 상관없이 야외 나들이를 즐겨 하는 사람들의 성향과 요구를 간파할 수 있었고, 결국 패딩이라는 가볍고 멋진 패션 아이템을 크게 유행시킬 수 있었습니다.

크리스천의 리더십에서도 트렌드를 파악할 수 있는 능력이 중요한 것은 마찬가지입니다. 시대의 트렌드를 제대로 읽고 공동체가 걸어가야 할 방향을 잘 제시하는 리더는 어려운 상황도 기회로 만들 수 있지만, 트렌드를 읽지 못하는 리더는 공동체를 도태되도록 만들 것입니다.

크리스천은 트렌드에 민감해야 합니다. 이는 최신 유행을 좇아 삶을 허비하라는 의미가 아닙니다. 크리스천으로서 우리가 전해야 하는 복음과 기독교적 삶의 방식이 어떻게 이 세상에 잘 접목될 수 있을까를 고민하는 마음으로 세상을 간파할 수 있어야 한다는 것입니다.

안타깝게도 오늘날 가장 보수적이고 폐쇄적이며 경직되어 변하지 않는 곳 중의 하나가 바로 교회가 아닐까 생각합니다. 세상은 하루하루 옷을 바꿔입으며 급격한 시대 변화에 적응해 나가고 있지만, 교회는 변화의 필요성에 둔감한 태도를 보여 주고 있는 것 같습니다.

예수님은 "새 포도주는 새 부대에 넣어야 할 것이니라"눅 5:38고 말씀하셨습니다. 영적 리더인 크리스천은 불변하는 진리의 복음을 변화하는 세상 속에 어떻게 잘 전할 수 있을지를 항상 고민해야 합니다. 교회를 산속에 고립된 종교처럼 만들지 말고, 세상 한복판에 하나님 나라의 가치를 흘려보낼 수 있는 선교의 기지로 만들 수 있도록 유연하고 창조적인 사고와 태도를 가져야 합니다.

2.
섬김의 본을 보이는 리더가 되라

예수님은 전능하신 하나님과 동등한 분이셨음에도 불구하고, 이 땅에 계시는 동안 섬김을 받는 삶이 아닌, 섬기는 삶을 사셨습니다. 심지어 예수님은 이 땅에 오신 이유 자체가 섬기기 위함이며, 이를 위해 자신의 목숨까지도 내어 주시겠다고 말씀하셨습니다.

"인자가 온 것은 섬김을 받으려 함이 아니라 도리어 섬기려 하고 자기 목숨을 많은 사람의 대속물로 주려 함이니라" _마가복음 10:45

이러한 '종의 리더십Servant leadership'은 크리스천 리더의 기본 자세가 되어야 합니다. 낮아짐, 섬김, 희생의 본을 보이셨던 예수님처럼, 크리스천 리더들은 매사에 모두가 따를 만한 모범을 보여 줄 수 있어야 합니다.

문제 해결의 모범을 보여라

리더의 자리에는 올랐는데 리더십을 수행할 능력이 없는 것만큼

66

참된 리더는
사람들의 마음으로부터
존경심을 자아냅니다.

힘과 권력이 아닌
사랑과 섬김을 바탕으로
나오는 지도력에
사람들은 진정한 존경과 헌신으로
화답하는 법입니다.

99

곤욕스러운 일도 없습니다. 이는 리더 자신에게도 부끄러움과 불행이 되며, 그의 리더십 아래에 있는 사람들에게는 불안과 의욕 상실을 가져다줍니다.

물론 필요에 따라 리더가 구성원에게 업무를 위임할 수 있습니다. 그러나 리더는 솔선해서 문제를 해결할 수 있는 사람이어야 합니다. 늘 남에게 일을 떠넘기면서 자신은 한가한 인상을 주는 리더는 결코 존경받는 리더가 될 수 없습니다. 적절하게 일을 분배하되 자신이 먼저 탁월한 능력으로 일을 감당하는 모습을 보여 주어야 사람들도 그를 따를 것입니다.

성경을 보면 하나님이 다윗을 양치는 목동의 자리에서 불러내어 이스라엘을 다스리게 하셨다는 표현이 나옵니다. 그런데 다윗은 자신에게 맡겨진 이스라엘을 "손의 능숙함으로with skillful hands" 지도했다고 성경은 말씀합니다.

> "또 그의 종 다윗을 택하시되 양의 우리에서 취하시며 젖 양을 지키는 중에서 그들을 이끌어 내사 그의 백성인 야곱, 그의 소유인 이스라엘을 기르게 하셨더니 이에 그가 그들을 자기 마음의 완전함으로 기르고 그의 손의 능숙함으로 그들을 지도하였도다"_시편 78:70-72

진정한 리더는 남에게 일을 시키는 사람이 아닙니다. 오히려 자기가 먼저 능숙한 손으로 일을 감당하는 사람입니다. 크리스천으로서 영적 리더가 된 우리는 삶의 모든 자리에서 능숙한 손으로 하나님이 맡기신 일을 수행하며 사람들을 섬겨야 합니다.

책임은 리더의 몫이다

진정한 리더는 책임을 다른 사람에게 떠넘기지 않고 자기가 그 책임을 끌어안는 사람입니다. 우리 사회에서 어떤 사고가 발생하면 리더들이 책임은 지지 않고 변명만 늘어놓는 모습을 보게 됩니다. 이러한 리더를 존경할 사람은 없을 것입니다.

가령 한 군인이 사고로 사망하는 일이 생겼을 때, 사단장이 이 일에 자신은 관련 없다고 말하면서 부하의 책임으로 돌린다면 누가 그를 진심으로 따르겠습니까. 이는 정부, 회사, 교회 등 삶의 다른 현장에서도 마찬가지입니다. 문제가 생겼을 때 "제 잘못입니다. 모든 책임은 제가 지고 물러나겠습니다. 저 외에 그 누구에게도 책임을 추궁하지 마십시오"라고 말하며 책임을 자처하고, 아랫사람의 실수를 품어 줄 수 있는 리더를 사람들은 진심으로 존경하고 따를 것입니다.

릭 워렌Rick Warren 목사님은 "리더십이란 능력이 아니라 책임을 이해하는 것에서 출발한다. 리더십은 쇼가 아니라 청지기가 되는 것이다"라고 말했습니다. 자기의 영향권 안에 속한 문제를 자신이 끌어안고 책임을 지는 리더야말로 하나님이 맡기신 일을 수행하는 참된 청지기가 될 수 있습니다.

업무에 대한 깊은 열정을 가져라

리더는 열정의 사람입니다. 이는 리더의 덕목 중 기본에 속합니다. 열정이 없는 사람은 매력이 없습니다. 자신이 이루고자 하는 일에 몰입하여 열정을 쏟는 사람만이 다른 이들의 마음도 끌어당길 수 있습니다.

최근 세계를 열광시키고 있는 K팝 열풍의 비결도 열정에 있습니다. 왜 우리나라에서 유독 세계를 들썩이게 하는 가수들이 쏟아져 나올까요? 그 이유는 열정의 차이입니다. 하루에 일고여덟 시간씩 집중해서 안무를 연습하고 끊임없이 역량을 계발하는 한국 가수들의 열정을 다른 나라 젊은이들이 따라오지 못합니다. 그 열정이 결국 실력의 차이를 만들고 영향력의 차이를 만드는 것입니다.

세상 사람들도 성공을 위해 이처럼 엄청난 열정을 쏟고 있습니다. 그렇다면 우리 크리스천은 어떻게 해야 하겠습니까? 빛의 자녀가 된 우리는 세상 사람들을 훨씬 능가하는 하나님을 향한 열정이 있어야 하지 않겠습니까?

영향력 있는 크리스천 리더가 되기 위해서는 뜨거운 열정으로 무장해야 합니다. 예배의 열정, 사랑의 열정, 헌신의 열정, 노동의 열정을 품어야 합니다. 무슨 일을 하든 뜨거운 열정을 보여 주어서 하나님과 사람을 감동하게 하는 사람들이 되어야 합니다.

3.
인격적으로 존경받는 리더가 되라

아무리 탁월한 실력을 발휘할지라도 인격에 결함이 있는 사람은 리더로서 공동체를 잘 이끌 수 없습니다. 다시 말해, 리더는 지적인 면뿐만 아니라 성격적, 정서적, 윤리적으로 모든 면에서 본이 되어야 합니다.

특별히 크리스천 리더들은 자신의 영성을 잘 관리하여 모두가 본받을 만한 성품과 인격을 갖추기 위해 노력해야 합니다. 그래서 사도 사도 바울은 디모데에게 "경건에 이르도록 네 자신을 연단하라 육체의 연단은 약간의 유익이 있으나 경건은 범사에 유익하니"딤전 4:7-8라고 권면했습니다.

크리스천 리더는 남을 변화시키기 이전에 자신이 먼저 변화되어야 합니다. 자신이 먼저 성장해야 합니다. 예수님을 닮은 인격을 갖추기 위해 끊임없이 자신을 연단해야 합니다.

경청을 바탕으로 커뮤니케이션하라

커뮤니케이션이란 한마디로 쌍방향 소통입니다. 한쪽에서 일방적으로 이야기한다면 그것은 소통이 아닙니다. 리더는 지시와 명령만 내리고, 구성원은 듣고 따르기만 한다면 그 공동체 안에는 커뮤니케이션이 없다고 말할 수 있습니다.

핀란드의 노키아는 한때 세계 휴대폰 생산량의 23%를 차지했던 기업이었지만, 2013년 결국 휴대폰 사업부를 마이크로소프트에 매각하고 말았습니다. 노키아의 실패 원인은 다양하게 분석되는데, 최근 커뮤니케이션의 문제가 부각하고 있습니다. 하버드 경영대학원의 종신 교수인 에이미 에드먼슨Amy C. Edmondson은 그의 책 『두려움 없는 조직』에서 노키아의 흥망성쇠와 함께한 엔지니어들의 이야기를 담았습니다.

엔지니어들의 증언에 따르면 노키아의 직원들은 신경질적인 리더가 겁을 주는 환경에 노출되어 있어서 항상 두려움을 안고 있었으며 제대로 소통할 수 없었다고 합니다. 한마디로 커뮤니케이션의 부재로 진실이 묻히게 되었고, 이것이 결국 기업의 몰락을 가져왔다는 것입니다.

소통하지 않는 리더십은 이처럼 위험합니다. 오늘날에도 자기 말만 하는 리더는 많지만, 다른 사람의 이야기를 들으려 하는 리더는 적습니다. 하지만 진정한 리더는 경청하는 사람입니다. 자기와 함께하는 사람들의 생각을 듣고, 공동체를 둘러싼 상황을 진실하게 마주할 용기가 있는 리더만이 존경받는 리더십을 발휘할 수 있습니다.

그러므로 크리스천 리더는 누구를 만나든지 경청하는 자세를 배워야 합니다. 가정에서 남편과 아내는 배우자의 말을 귀 기울여 듣고, 부모는 자녀의 말을 경청해야 합니다. 나아가 교회, 회사, 사업장 등 삶과 신앙의 전 영역에서 다른 사람들의 말을 귀담아들어야 합니다. 이렇게 '잘 듣는 것'에서부터 사람들의 마음 문을 열 수 있고 보다 효과적인 리더십을 발휘할 수 있습니다. 상담의 기본 역시 상담자의 이야기를 잘 들어 주는 데 있다는 것을 알아야 합니다.

존중과 배려를 기초로 삼아라

크리스천은 항상 다른 사람들을 존중하고 배려하는 모습을 보여야 합니다. 자신을 크리스천이라고 말하면서 다른 이들을 무시하고 홀대하는 사람이 있다면, 그의 업무 성과가 아무리 월등하다고 해도 하나님께는 인정받지 못할 것입니다.

특별히 크리스천 리더들은 사회에서 소외된 사람들, 신체에 장애가 있는 사람들, 혹은 정신적으로 약한 사람들을 결코 함부로 대해서는 안 됩니다. 이런 사람들을 어떻게 대하느냐가 바로 세속적 리더십과 크리스천의 선한 리더십을 구분하는 기준이 되기도 합니다.

효율성과 생산성을 바탕으로 이익만을 향해 달려가는 세상의 경영 원리에서 사회적 약자들은 설 곳이 없습니다. 상대적으로 느리고, 덜 생산적인 이들은 소외되거나 경시되기 일쑤입니다. 그러나 크리스천 리더십은 정반대입니다. 크리스천 리더십은 약하고 소외되기 쉬운 사람들을 존중하고 섬기고 세우는 리더십입니다. 그들을 통해 이루시는 하나님의 일을 모두가 함께 즐거워하도록 공동체를 이끄는 리더십입니다. 즉, 이익이 아니라 사랑으로 하나 되는 공동체를 만드는 리더십이 바로 크리스천 리더십입니다.

세속적 관점에서는 어리석고 비효율적인 일로 보일 수 있습니다. 그러나 이것이 바로 하나님 나라의 정신을 담은 리더십입니다. 하나님은 이러한 리더십을 발휘하는 크리스천들을 세상 가운데 높이 세우셔서 하나님의 뜻을 이루시고 더 많은 사람이 행복할 수 있도록 역사하실 것입니다.

성공에 이르는 12가지 지혜

존경 받는 리더가 되라

1. 리더십은 영향력이다

/ 참된 리더의 모범 예수 그리스도

/ 다른 사람의 장점을 격려하여 세우라

/ 구성원을 더 나은 사람들로 계발시켜라

/ 최신 트렌드를 파악하라

2. 섬김의 본을 보이는 리더가 되라

/ 문제 해결의 모범을 보여라

/ 책임은 리더의 몫이다

/ 업무에 대한 깊은 열정을 가져라

3. 인격적으로 존경받는 리더가 되라

/ 경청을 바탕으로 커뮤니케이션하라

/ 존중과 배려를 기초로 삼아라

CHECK LIST 체크 리스트

나는 주변 사람들이 존경하는 크리스천인가요?
아래의 문항을 읽고 나에게 해당하는 것을 체크해 보세요. ☑

① 나는 다른 사람의 단점보다 장점을 더 주목하는가?

② 나는 공동체를 둘러싼 트렌드에 민감한가?

③ 나는 일을 할 때 솔선하여 섬김의 본을 보이는가?

④ 나는 다른 사람들의 말을 잘 듣는 편인가?

⑤ 나는 나와 함께하는 사람들을 존중하고 배려하는가?

나에게 해당하는 문항은 몇 개인가요? ____ 개

체크하지 못한 문항의 내용을 다시 살펴보고
지금부터라도 실천해 봅시다.

나의 성공 다이어리

내가 존경하는 리더가
있나요? 그 사람의
모습에서 내가 닮고
싶은 점을 적어 봅시다.

내가 사랑으로 섬겨야
할 사람들은 누구인지
적어 봅시다.

참고문헌

/ 김난도 외 9명. 『트렌드 코리아 2023』. 서울: 미래의창, 2022.

/ 김유진. 『나의 하루는 4시 30분에 시작된다』. 서울: 토네이도, 2020.

/ 김인중. 『안산 동산고 이야기』. 서울: 두란노, 2005.

/ 신정일. 『그토록 가지고 싶은 문장들』. 서울: 세종서적, 2016.

/ 보통, 알랭 드. 『불안』. 정영목 역. 서울: 은행나무, 2011.

/ 바운즈, 에드워드. 『기도의 능력』. 김원주 역. 서울: 크리스천다이제스트, 2019.

/ 에드먼슨, 에이미. 『두려움 없는 조직』. 최윤영 역. 오승민 감수. 서울: 다산북스, 2019.

/ 스미스, 오스왈드. 『구령의 열정』. 박광철 역. 서울: 생명의말씀사, 2013.

/ 셰피, 요시. 『무엇이 최고의 기업을 만드는가』. 유종기·손경숙 역. 서울: 프리이코노미북스, 2016.

/ 이숙영. 『성공의 길은 내 안에 있다』. 서울: 살림출판사, 2004.

／ 에드워즈, 조나단 편. 『데이비드 브레이너드 생애와 일기』. 원광
연 역. 서울: 크리스천다이제스트, 2009.

／ 조선경. 『위대한 CEO가 우리에게 남긴 말들』. 서울: 위즈덤하우
스. 2013.

／ 고든, 존. 『에너지 버스』. 유영만·이수경 역. 서울: 쌤앤파커스,
2019.

／ 맥스웰, 존. 『태도, 인생의 가치를 바꾸다』. 김홍식 역. 서울: 꿈꾸
는별, 2014.

／ ____ . 『리더십의 법칙 2.0』. 정성묵 역. 서울: 비전과리더십, 2019.

／ 콜리, 톰·야드니, 마이클. 『부자 습관 가난한 습관』. 최은아 역.
서울: 한국경제신문사, 2022.

／ 피터스, 톰. 『탁월한 기업의 조건』. 김미정 역. 서울: 한국경제신
문, 2022.

／ 드러커, 피터 F. 『피터 드러커 자기경영노트』. 조영덕 역. 서울: 한
국경제신문사, 2020.

성공에 이르는

12 가지 지혜

초판 1쇄 발행 | 2023년 3월 2일
6쇄 발행 | 2023년 5월 26일

지 은 이 | 이영훈
편 집 인 | 김호성
펴 낸 곳 | 교회성장연구소

등록번호 | 제 12-177호
주   소 | 서울시 영등포구 은행로 59, 4층
전   화 | 02-2036-7936
팩   스 | 02-2036-7910
홈페이지 | www.pastor21.net

I S B N | 978-89-8304-351-1 03230

"무슨 일을 하든지 마음을 다하여 주께 하듯 하라" 골 3:23

교회성장연구소는 한국 모든 교회가 건강한 교회성장을 이루어 하나님 나라에 영광을 돌리는 일꾼으로 성장하는 것을 목표로, 목회자의 사역은 물론 성도들의 영적 성장을 도울 수 있는 필독서를 출간하고 있다. 주를 섬기는 사명감을 바탕으로 모든 사역의 시작과 끝을 기도로 임하며 사람 중심이 아닌 하나님 중심으로 경영한다. "무슨 일을 하든지 마음을 다하여 주께 하듯 하라"는 말씀을 늘 마음에 새겨 하나님께서 주신 사명을 기쁨으로 감당한다.